Klaus Fitschen

WIE DIE DEUTSCHEN CHRISTEN WURDEN

Geschichte der Mission

Bild Seite 2: **Der Heilige Fridolin predigt das Christentum (kolorierter Kupferstich nach Johann Michael Mettenleiter, 1823): Der möglicherweise aus Irland stammende Wandermönch reiste im 6. Jahrhundert auch durch das oberrheinische Gebiet.**

Die Mission als Teil des Aufbaus und Ausbaus des Reiches   82

Die Bedeutung der Orden   122

Wie christlich wurden die Deutschen?   144

Vorwort

Wie die Deutschen Christen wurden? Das ist – häufig unter der Formulierung „Missionierung der Germanen" – ein klassisches Thema für Examensklausuren im Fach Kirchengeschichte. Wer gut vorbereitet ist, wird bei der Beantwortung dieser Frage einen Bogen schlagen vom Christentum zur Römerzeit über die Taufe des Frankenkönigs Chlodwig und die Reisen irischer und angelsächsischer Missionare auf den Kontinent bis hin zu Bonifatius, dem „Apostel der Deutschen". Hinzu kommt die Politik Karls des Großen mit den Sachsenkriegen und vielleicht noch die Missionierung der Slawen jenseits der Elbe unter Otto dem Großen.

Und so scheint es geschehen zu sein: Die Deutschen wurden Christen, wobei „deutsch" ein Sammelbegriff für alle Menschen ist, die auf dem Boden des expandierenden fränkischen und deutschen Reiches wohnten, denn von einer deutschen Nation im modernen Sinne wusste niemand etwas. Dieser Prozess erschien lange nicht hinterfragbar und folgerichtig, so als ob ein evolutionäres Programm abliefe. Die Christianisierung der Deutschen ist damit eine Geschichte von rund 500 Jahren, deren Akteure hauptsächlich einzelne Missionare, Könige und Kaiser sind, während die Missionierten eher im Dunkeln bleiben.

Weshalb die späteren Deutschen letztlich Christen wurden, bleibt in den Klausuren meist so unklar wie in den Lehrbüchern: War die „Tatmission" der Grund, also die demonstrativen, aber völlig isolierten Akte der Missionare, die den Germanen zeigten, dass ihre Religion am Ende und das Christentum die bessere Option war? Konnte das Fällen einer Eiche im heutigen Hessen einen derartigen Widerhall haben, dass Tausende noch in der Ferne sich taufen ließen? War die Missionspredigt der entscheidende Grund für die Menschen, sich taufen zu lassen, oder war es vielleicht eher eine „Gewalt-" oder „Schwertmission"? Sind die späteren Deutschen Opfer einer Mission geworden, die sie wie Kolonisierte in der Neuzeit ihrer Religion und Kultur beraubt hat?

Anders als auf Gemälden des 19. Jahrhunderts (und auch die in diesem Buch abgebildeten sind keine historischen Dokumente) erscheint die Missionsgeschichte heute vielen nicht mehr als eine Triumphgeschichte. Auch in der Zunft der Theologinnen und Theologen sind Zweifel lebendig, ob der Prozess der Missionierung nicht doch eine dunkle Seite hatte und von Zwang und Gewalt geprägt war. In den gegenwärtigen Zeiten der Säkularisierung, in denen das Christentum für die Deutschen zunehmend weniger selbstverständlich wird (und für die Ostdeutschen schon seit Jahrzehnten nicht selbstverständlich ist), scheint sich die Frage zu stellen, ob es für die Deutschen jemals hat selbstverständlich sein können.

Aus heutiger Sicht ist es unmöglich, zu erfassen, was die Menschen vor 1000 oder 1500 Jahren dachten, empfanden oder glaubten, als sie

Der Heilige Bonifatius als „Apostel der Deutschen", kolorierter Stich, 19. Jh.

das Christentum annahmen und sich taufen ließen. Nachvollziehen lässt sich dies allenfalls bruchstückhaft, wobei zu berücksichtigen ist, dass den Menschen früherer Zeiten nicht der religiöse Individualismus der Gegenwart eigen war. Wer sich mit der Christianisierung der Deutschen befasst, muss einsehen, dass das Thema viele Unsicherheiten birgt, die auch das vorliegende Buch nicht alle klären kann. Diese Unsicherheiten sind vor allem durch das Fehlen von Quellen bedingt, durch eine lückenhafte Überlieferung, die gerade nicht dokumentiert, was die Menschen dachten, empfanden oder glaubten. Genaue Geschichtsdarstellungen von Zeitgenossen oder Augenzeugenberichte liegen nicht vor. Vieles muss aus deutlich später abgefassten Quellen rekonstruiert werden, und an vielen Fragen, die sich heute stellen, hatten die Autoren der damaligen Zeit gar kein Interesse.

Warum aber ist das Thema überhaupt von Bedeutung? Diese Frage lässt sich unter mehreren Gesichtspunkten beantworten:

Zum Ersten ist die Missionierung der Germanen in den letzten 150 Jahren immer wieder ein Thema mit Aktualitätsbezug gewesen: War diese Missionierung, wie aus nationalistischer, völkischer und nicht zuletzt antikatholischer Richtung gefragt wurde, nicht eine Überfremdung? Wurde die urwüchsige germanische Kultur nicht durch eine romanische überformt? Wenngleich diese Fragen und die dahinter stehenden Thesen heute keine geschichtspolitische Relevanz mehr

haben, scheinen sie doch für die Wahrnehmung der Missionsgeschichte Deutschlands eine Rolle zu spielen – nun aus dem Blickwinkel einer zunehmend säkularisierten Gesellschaft. Überspitzt könnte man fragen: Gehörte und gehört das Christentum überhaupt zu Deutschland? Dieses Buch soll daran erinnern, dass die deutsche Geschichte ohne das Christentum überhaupt nicht vorstellbar ist.

Zum Zweiten wurde das Frühmittelalter, was die Zeit vor Karl dem Großen angeht, bislang eher vernachlässigt. Während die Römerzeit auf später deutschem Boden durch viele Publikationen gut erschlossen ist, scheint sich daran eine Zeitspanne anzuschließen, die nur bruchstückhaft erfassbar ist und die zudem von der nachfolgenden Zeit ab Karl dem Großen überstrahlt wird. Dieses Buch soll deutlich machen, dass die Zeit des Frühmittelalters eine Brückenfunktion hat, die sowohl kulturelle Transformation wie kulturellen Abbruch beinhaltet, wobei die eigentliche Brücke in der Kirche als Institution besteht – nicht die katholische im modernen Sinne, sondern jene christliche Kirche des lateinischen Westens, die in der katholischen und den evangelischen Kirchen der Neuzeit ihre legitimen Erbinnen hat.

Zum Dritten ist die Beschreibung dieser Brückenfunktion für den weiteren Fortgang der Geschichte von Bedeutung. Die Wahrnehmung des Mittelalters ist nach wie vor durch einen Zwiespalt geprägt: Der Glanz höfischer Repräsentation und gotischer Kathedralen steht dem „finsteren Mittelalter" gegenüber, von dem immer wieder die Rede ist, wenn längst überwunden Geglaubtes apostrophiert werden soll. Die Geschehnisse des Hoch- und Spätmittelalters sind allerdings kaum zu verstehen, wenn nicht ihre Vorgeschichte im Frühmittelalter in Betracht gezogen wird. Und diese ist gänzlich undenkbar ohne die Missionierung und Christianisierung der Herrschenden wie der Bevölkerung. Dieses Buch soll darauf hinweisen, dass die Missionierung im Frühmittelalter Folgen hatte, die auf das ganze Mittelalter und darüber hinaus bis in die Neuzeit und die Gegenwart ausstrahlen. Auch ohne dass man sich des häufig gebrauchten und ebenso missbrauchten Begriffes „christliches Abendland" bedient, sind doch die Prägekräfte des Christentums trotz aller Säkularisierung unübersehbar.

Da es nicht um eine Missionsgeschichte Deutschlands in den heutigen Grenzen, sondern um die der Deutschen zur Zeit des Mittelalters geht, greift dieses Buch über den klassischen Rahmen der Christianisierung der Germanen hinaus, bezieht die Christianisierung der Slawen ein und reicht bis zu den Aktivitäten der Orden im Hoch- und Spätmittelalter, zu denen unter anderem die Errichtung der Herrschaft des Deutschen Ordens im späteren Ostpreußen gehört. Weil aber eine solche Geschichte nicht geschrieben werden kann, wenn nicht die Nachbarn der Deutschen mit in den Blick geraten, sind sie ebenfalls Thema dieses Buches: da nämlich, wo sie Ziel oder Partner von Missionsbemühungen waren. Dies gilt vor allem für die Polen, Dänen, Schweden und Franzosen – und es gilt für eine Zeit, die nicht annähernd so finster war wie jene Zeit vor 100 Jahren, in der ein gnadenloser Nationalismus im Ersten Weltkrieg die Rede von einem christlichen Abendland zur Farce werden ließ.

Während der Abfassung der letzten Kapitel sind meine Söhne Heinrich und Lorenz geboren worden. Ihnen sei dieses Buch gewidmet.

Helmstedt, am Gedenktag des
Heiligen Liudger, 26. März 2016
Klaus Fitschen

Von der Antike zum Mittelalter

Blonde Germanen, wandernde Völker? Zum Problem der Begriffe und der Vorstellungen

Fragmente des Zerfalls: die Germanenreiche

Man spricht lateinisch: Die antike Kirche bleibt, was sie ist, und ändert sich doch

Bischof Wulfila erklärt den Goten das Evangelium; kolorierter Holzstich, 1890.

„Die Kirchengeschichte Deutschlands beginnt nicht mit dem ersten Eindringen des christlichen Glaubens in das gegenwärtig deutsche Land. Denn als im zweiten Jahrhundert in den Städten am Rhein und an der Mosel Bekenner Jesu Christi sich zu kleinen Gemeinden sammelten, waren diese Städte römische Städte; jene Gemeinden waren römische Gemeinden, die Sprache ihrer Gottesdienste war die lateinische."

Mit diesen Sätzen begann der evangelische Kirchenhistoriker Albert Hauck seine inzwischen zum Standardwerk gewordene *Kirchengeschichte Deutschlands*, deren erster Band 1887 erschien. In einer Zeit, in der die deutsche Geschichte ansonsten als Geschichte der Deutschen und ihrer Nation erzählt wurde, betonte Hauck die kulturelle und religiöse Kontinuität, in der die Deutschen standen. Unübersehbar waren ja die römischen Hinterlassenschaften an Rhein und Mosel, und gerade zu Haucks Zeit war man dabei, mit großem Eifer den Limes zu erforschen, der vom Rhein bis zur Donau die Grenze und die Begegnungszone von Römern und Germanen gebildet hatte. Dies stand in merkwürdigem Kontrast zur Verklärung der Germanen, die vom Schulbuch bis zur Wagneroper gepflegt wurde und die an den Anfang der deutschen Geschichte nicht das Christentum als Religion setzte, sondern die Götter der Germanen.

Die Hermannsschlacht, kolorierter Druck nach einem Gemälde von Friedrich Gunkel, 1862–64

Blonde Germanen, wandernde Völker?
Zum Problem der Begriffe und der Vorstellungen

Bis heute wirkt ein Geschichtsbild nach, das die frühe deutsche Geschichte – eigentlich die Geschichte auf später deutschem Boden – zu einem geradezu zielgerichteten Ereigniskomplex macht, an dessen Ende die ersten germanischen Reiche stehen. Beeinflusst ist die Sicht auf diese Zeit immer noch vom Geschichtsbild des 19. Jahrhunderts: Die Deutschen, Protestanten wie Katholiken, Sachsen, Bayern, Preußen, Rheinländer und alle anderen waren auf der Suche nach ihrer Geschichte, die insgesamt eine Nationalgeschichte ergeben sollte, die Geschichte der Deutschen eben, die ursprünglich die Geschichte der Germanen gewesen sein sollte. So wurde im 19. Jahrhundert auch die angeblich antike Bezeichnung *Germania libera*, also „freies Germanien", für die nichtrömischen Gebiete östlich des Rheins und nördlich der Donau erfunden. Die Varusschlacht und mit ihr der in römischen Diensten stehende Arminius, den man erst in der Neuzeit Hermann den Cherusker nannte, wurden in den Befreiungskriegen gegen Napoleon populär: Sie fungierten als Ursprungsdatum und Gründungsheros des deutschen Freiheitskampfes gegen die romanischen Unterdrücker, und dementsprechend konnte die Völkerschlacht bei Leipzig als neue Varusschlacht gefeiert werden. Die Franzosen waren damit die neuen Römer.

Für das Bild, das man sich vom Übergang von der Antike zum Mittelalter, von der Römer- zur Germanenherrschaft machte, war eine Überschätzung der Dynamik der Germanen und eine Unterschätzung des römischen Beharrungsvermögens charakteristisch: Wie ein Kartenhaus sei demnach die römische Besiedlung zusammengebrochen, einerseits durch innere Schwäche, andererseits durch das Herandrängen der überlegenen Germanen. Der erst seit dem späten 18. Jahrhundert gebräuchliche Begriff „Völkerwanderung" beinhaltet die Vorstellung, dass Stämme und Völker sich aufgrund von Wanderungsbewegungen anderer auf einer Art Siedlertreck befunden und die einen die anderen verdrängt hätten. Auf historischen Landkarten wurden und werden Siedlungsgebiete einzelner germanischer Völkerschaften lokalisiert, die sich in einer Art Dominoeffekt in Bewegung gesetzt und letztlich das Römische Reich unter sich begraben hätten, bis sich die Reiche der Franken und anderer etabliert hätten und schließlich das Deutsche Reich Karls und Ottos des Großen.

Romantische Vorstellungen vom „Volk" und vom Vaterland, die im Zuge der Befreiungskriege aufkamen, verstärkten diese Suche nach einer Kontinuität in der deutschen Geschichte. Die Darstellung des Germanischen blieb dabei immer abhängig von der Darstellung des Römischen, und so waren die Germanen das Gegenteil von dem, was die Römer angeblich waren: Diese waren dekadent und städtisch, die Germanen wehrhaft und einer

schlichten, edlen, kriegerischen oder bäuerlichen Lebensweise zugetan. Dies alles sind Elemente eines Lebensstils,
den die Deutschen im 19. Jahrhundert angesichts der
Urbanisierung und Industrialisierung gern idealisierten.
Hinzu kam der Gedanke einer germanischen Innerlich-
keit und Seelentiefe sowie einer „Gefolgschaftstreue"
gegenüber Führergestalten.

Solche Vorstellungen, die oft noch mit Bildern von
blonden, robusten Germaninnen und Germanen ange-
reichert wurden, lassen sich anhand historischer Quellen
freilich nicht recht dingfest machen. Die als Stämme oder
Völker angesehenen Personenverbände waren eher Gruppen von einigen Tausend Personen, die erst mit Namen
auf der europäischen Landkarte sichtbar wurden, als sie
in das Blickfeld römischer Quellen traten. Dass es sich
dabei um ethnisch homogene Gruppen gehandelt habe,
ist reine Fiktion beziehungsweise eine Wunschvorstellung
mit deutlichen rassistischen Anklängen. Die Goten etwa,
vermeintlich Skandinavier und dementsprechend häufig als groß gewachsen und blond angesehen, tauchten
aus dem historischen Nichts auf. Im Laufe ihrer
Bewegungen über den europäischen
Kontinent kamen sie immer wieder mit anderen Gruppen in
Kontakt, zuletzt auch mit der
römischen Bevölkerung, die
der Herkunft nach ebenfalls
alles andere als homogen war.

Die Spärlichkeit der Quellenlage (und es gibt aufgrund
der fehlenden Schriftkultur
keine schriftlichen Quellen
germanischer Herkunft) ließ
dann die Deutschen des 19. wie
des 20. Jahrhunderts die Germanen so sehen, wie die Römer
sie sahen, und deren Sichtweise
passte gut zu dem Bild, das die
Deutschen selbst von ihren frühen Vorfahren zeichnen wollten:
„Germane" war eine römische

Fremdbezeichnung für die Menschen, die für die Römer eben *germanus* waren – ein Sammelbegriff für mehr
oder minder edle Wilde, die aus römischer Sicht jenseits
von Rhein und Alpen lebten. Die Germanen waren für
die Römer das, was für Karl May die Indianer waren:
barbarisch und wild, aber zugleich ursprünglich und na-
turwüchsig. Sie waren „Barbaren" (von dem lateinischen
Ausdruck *barbarus* für einen Fremden, der die einheimi-
sche Sprache nicht beherrscht), allerdings traf das ebenso
auf andere Völker an den Randzonen ihres Reiches zu.
Nach ihrer Unterwerfung stand den „Barbaren" bis zu
einem gewissen Grad die Integration in das römische
Imperium offen. Wie es um die Beziehungen zwischen
Römern und Germanen auf beiden Seiten der sich seit
Caesars Zeiten hin und her verschiebenden Grenzzone
stand, lässt sich im Übrigen nur erahnen. „Kulturtransfer"
ist ein Thema, das in der gegenwärtigen Limesforschung
eine wichtige Rolle spielt.

Die Rekonstruktion der Jahrhunderte, in denen sich
Römer und Germanen auf deutschem Boden begegne-
ten, in denen die römische Vorherrschaft zu Ende ging und sich
neue politische und kulturelle Verhältnisse etablierten,
lässt sich darum nur mit
großer Vorsicht bewerkstelligen. Hier verrät der archäologische Befund mehr
als die schriftlichen Quellen.
Neben römischen Militär-
standorten lagen zivile Dörfer, in denen auch Germanen
lebten. Wie das Beispiel der
bei Waldgirmes in Hessen ge-
fundenen Siedlungsreste zeigt,
gründeten die Römer sogar
Städte in germanischem Gebiet, das noch nicht vollständig
von ihnen kontrolliert wurde.
Diese Bemühungen wurden
durch die militärischen Rück-
schläge des frühen 1. Jahrhunderts, für die der Name
Varus steht, zunichtegemacht.
Das entgegengesetzte Beispiel

**Bildstein aus Martebo
(Gotland), 5. Jh.**

sind die Ubier, die von den Römern auf das von ihnen kontrollierte Gebiet umgesiedelt wurden und die so die ersten Bewohner der Colonia Claudia Ara Agrippinensium wurden, also Kölns. In nicht geringer Zahl traten Germanen als Soldaten in römische Dienste und gelangten bis in die höchsten Ränge. Gerade sie sollten in den Umbrüchen von der Spätantike zum Frühmittelalter noch von großer Bedeutung sein.

Eine offene Frage der Erforschung der frühen deutschen Geschichte war, wie man die Rolle des Christentums bewerten sollte. Im 19. Jahrhundert war eine Säkularisierung spürbar, die eine Kritik an der politischen Rolle der Kirche und der christlichen Religion beinhaltete. Vor allem der Katholizismus wurde, nicht nur im „Kulturkampf" Bismarcks gegen die katholische Kirche, als hinderlich für die Emanzipation der Deutschen von der kirchlichen Bevormundung gesehen, und das auch von Protestanten, die in der Reformation natürlich eine Befreiung von dieser Bevormundung und den Beginn besserer Zeiten sahen. Wie zuvor schon die Franzosen konnten nun die Katholiken mit dem Papsttum als die neuen Römer betrachtet werden. Die weiter gehende Frage lautete, ob das Christentum den Deutschen womöglich insgesamt wesensfremd und ihnen lediglich aufgezwungen worden war. Ein schillerndes Stichwort in diesem Zusammenhang war die „Germanisierung des Christentums". Damit verbanden sich unterschiedliche

Vorstellungen, die von einer Befreiung des Christentums von allem Ungermanischen und somit Katholischen bis hin zur „Reinigung" des Germanischen vom Christentum überhaupt reichten. Zu diesen Vorstellungen gehörte nicht zuletzt ein antisemitischer Grundton: Das reine und ursprüngliche Christentum sei vom „Juden" Paulus verdorben worden.

Mit großer Lust am Fabulieren wurde zudem die Rekonstruktion der germanischen Religion betrieben. Bis in die Gegenwart hinein haben neuheidnische Bewegungen großes Interesse daran, eben dies zu tun. Der Rekonstruktion diente und dient vor allem ein Verschnitt von Quellen aus verschiedenen Zeiten und Regionen, die alle den Germanen zugeordnet wurden. Hier spielten also wieder Vorstellungen eines homogenen Volkes eine Rolle. Gemeinsam ist diesen Quellen – jedenfalls soweit sie schriftlicher und nicht archäologischer Natur sind –, dass sie entweder römischer Herkunft sind oder aus einer späteren Zeit stammen, in der ihr Umfeld schon christianisiert war. Die um 100 n. Chr. verfasste *Germania* des Tacitus wurde dabei ebenso herangezogen wie zwei Epen, die im 13. Jahrhundert entstanden sind: das Nibelungenlied und die isländische Edda. Archäologische Funde aus spätantiker und frühmittelalterlicher Zeit hellen das Bild zwar etwas auf, aber sie sind überwiegend nordeuropäischer Herkunft und aufgrund fehlender literarischer Quellen nur eingeschränkt zu interpretieren.

Kastell Saalburg, ein wiederaufgebautes Römerkastell am Obergermanischen Limes bei Königstein im Taunus

Motivation der Mission

„Mission" ist ein Begriff, der sich nach Zwang anhören kann und in der Geschichte des Christentums durchaus immer wieder Zwang beinhaltete. Anfangs hat sich das Christentum jedoch ohne jeden Zwang und ohne eine organisierte Mission verbreitet, durch Reisende und von Haus zu Haus. Die Attraktivität des Christentums beruhte sozial auf dem Zusammenhalt der Gemeinden und religiös auf der Verheißung des ewigen Lebens. Wegen der „natürlichen" Ausbreitung des Christentums entlang der Handelswege sind nach dem Apostel Paulus nur wenige Missionare namentlich bekannt. Dies änderte sich im Frühmittelalter, und erst jetzt wurde die Mission auch organisiert, sei es von kirchlicher Seite oder durch Herrscher, die das Christentum ausbreiten wollten. Theologisch ließ sich die Mission mit dem „Missionsbefehl" Jesu begründen, der am Ende des Matthäusevangeliums steht: Das Zeugnis für den eigenen Glauben gehört demnach zu den Grundaufgaben christlicher Existenz. Eine eigene und fatale Dynamik entfaltete später das im Lukasevangelium überlieferte Gleichnis Jesu vom großen Gastmahl, in dem der Gastgeber Gäste nötigt, einzutreten: cogite intrare („zwingt sie herein"). Durch die Auslegung des Augustinus wurde dieser Text zum Beleg dafür, andere zu ihrem Glück zwingen zu dürfen, wenn es um ihr Seelenheil ging. Allerdings meinte Augustinus (der Gewalt in der Mission selbst ablehnte) Ketzer, die in die Kirche zurückgeführt werden sollten. Erst im Laufe des Frühmittelalters wurde dieser Gedanke auf die Mission übertragen.

Fragmente des Zerfalls: die Germanenreiche

Nach der Expansionsphase des römischen Imperiums im Westen, die bis zum Beginn des 2. Jahrhunderts andauerte, gelang es nicht mehr, die römische Herrschaft über die Rhein-, Limes- und Donaugrenze hinaus auszudehnen. Dies lag weniger an den Germanen, sondern vielmehr an militärischen Problemen im Osten des Reiches an der Euphratgrenze und an innenpolitischen Auseinandersetzungen, die im 3. Jahrhundert immer wieder zu Kämpfen um den Kaiserthron führten. Um das Jahr 260 musste die Limeslinie zurückgenommen werden. Die Präsenz römischer Herrschaft, Kultur und Wirtschaftsmacht schwand so weit, dass die durchaus durchlässige Grenze zwischen Römern und Germanen von der Begegnungs- zur Kampfzone wurde. Daran konnten auch letzte Versuche eines Vorstoßes Richtung Elbe nichts ändern, die durch neue Funde militärischer Ausrüstungsgegenstände aus einer Schlacht am „Harzhorn", einem kleinen Höhenzug in der Nähe des Harzes, belegt sind. Andererseits gelang es am Ende des 3. und am Anfang des 4. Jahrhunderts, die Herrschaft im Inneren durch eine Stärkung des Kaisertums, eine Militärreform und Verwaltungsreformen noch einmal zu stabilisieren. Dies verbindet sich mit den Namen der Kaiser Diokletian und Konstantin.

Was nun die Völkerwanderung angeht, wird man immerhin davon reden können, dass sich eine gewisse Dynamik für das Gebiet des späteren Deutschlands feststellen lässt. Die germanischen Gruppen hatten ein Bewegungspotenzial, da sie teils Bauern waren, aber keine festen Siedlungen hatten, und teils Räuber und Eroberer („Krieger"), die von Beute lebten. Worum es im Verhältnis der Germanen zu den Römern ging, war ein möglichst hoher Profit durch militärische Hilfsleistungen oder durch Beutezüge. Die Etablierung von Herrschaft über bestimmte Gebiete, wie sie seit dem 5. Jahrhundert geschah, zeichnete sich in den Jahrhunderten davor nicht ab. Sie konnte erst durchgesetzt werden, als die römische Herrschaft im Westen des Reiches durch emporkommende Heerführer wie etwa Syagrius, die sich einzelner Teile des Reiches bemächtigten, fragmentiert wurde.

Schlachtenszene zwischen Römern und Germanen, Darstellung auf dem Sarkophag des römischen Kaisers Hostilianus, 3. Jh.

In größerem Maßstab begann das Ausgreifen germanischer Gruppen also im 2. und 3. Jahrhundert. Vorstöße erfolgten über die zunehmend ungeschützte Rhein-Limesgrenze und weiter im Osten über die Donau, was allerdings zunächst ohne tiefer greifende Folgen blieb. Am Niederrhein machten sich die Franken bemerkbar, die am Ende des 3. Jahrhunderts erstmals in einer römischen Quelle Erwähnung finden, obwohl sie (oder Gruppen, die später so bezeichnet wurden) laut späteren Quellen schon um das Jahr 260 weit über den Rhein nach Gallien vorgerückt waren, um dort Beute zu machen. Nachdem man ihrer Herr geworden war, wurden sie mit einem Bündnisvertrag an

das Römische Reich gebunden, was sie gleichzeitig in ein fragiles Gleichgewicht mit den Römern versetzte: Brachte das Abhängigkeitsverhältnis nicht mehr genug Profit und ließ sich mit Raubzügen mehr erreichen, konnte dieses Gleichgewicht schnell aus dem Lot geraten. Dies geschah im 4. Jahrhundert fortwährend und führte zu einem Hin und Her von germanischen Vorstößen und römischen Gegenschlägen, die mit neuen Bündnisverträgen besiegelt wurden. So waren die Franken auch an den Plünderungen Triers zu Beginn des 4. Jahrhunderts beteiligt, aber sie waren nicht die einzigen germanischen Gruppen und sie beließen es vorläufig beim Plündern. Die Übergriffe auf die

Skoten

Nordsee

Jüten

Angeln

Ostsee

Angeln

Briten

Friesen

Sachsen

Goten
bis ca. 170

Jüten

London

5. Jh.

bis 100 v. Chr.

*Atlantischer
Ozean*

238

Köln

350

bis 400

bis 400

bis 400

Paris

Rhein

400–550

Katalaun. Felder
451

Vouillé
507

Loire

534

Donau

Wien

443–534

bis 568

Drau

455

Sueben
411–588

Bordeaux

411

418–507

Lyon

Rhone

Mailand

Po

Save

Tejo

Toulouse

Aquileia

Toledo

ab 418

Ebro

Arles

Ravenna

**WESTRÖMISCHES
REICH**

Tiber

475

411–418

Córdoba

Korsika

Rom

470

Cartagena

425

Balearen

Sardinien

Mittelmeer

455

Dyrrhachium

397

483

Cosenza

461

410

429

Hippo Regius

Karthago

456

Sizilien

Syrakus

Sparta
39

430

439–534

467

Die Völkerwanderung vom 4. bis 6. Jahrhundert

Franken

Burgunden

Vandalen

Westgoten

Ostgoten

Langobarden

Jüten, Angeln, Sachsen

Hunnen

Kriegszüge der Hunnen

Rückzug der Hunnen (454)

zeitweiliges Machtzentrum der Hunnen/Residenz Attilas

0   100   200   300 km

Stadt führten dazu, dass der Verwaltungssitz der Präfektur Gallien, der sich in Trier befand, in das sicherere Arles zurückverlegt wurde. Endgültig konnten sich die Franken erst der Stadt bemächtigen, als die römische Herrschaft erlosch, die für eine Weile noch von dem „Comes" Arbogast – formell als Statthalter, in Wirklichkeit recht unabhängig – wahrgenommen worden war.

Am Oberrhein machten den Römern allerdings jene Gruppen zu schaffen, die dann den Sammelnamen Alamannen („alle Mann") auf sich zogen und die sich im Gebiet zwischen den Römerstädten Augsburg (Augusta Vindelicorum) und Straßburg (Argentorate) aufhielten. Sie bildeten im 4. Jahrhundert ein dauerndes Unruhepotenzial. Raubzüge über den Rhein nach Gallien kamen immer wieder vor, wenngleich der bald darauf zum Kaiser erhobene Julian den Alamannen im Jahr 357 bei Straßburg eine schwere Niederlage beibrachte.

Was Franken, Alamannen und andere Gruppen vorerst davon abhielt, tiefer in römisches Gebiet vorzudringen und sich dort festzusetzen, waren nicht nur Grenzbefestigungen und militärische Abwehraktionen. Ein wichtiges Instrument römischer Herrschaft und zugleich ein Instrument ihrer Unterminierung waren Bündnisverträge, die germanische Gruppen oder „Völker" gegen entsprechende römische Zuwendungen zu *foederati*, zu „Bündnispartnern", machten. Sie dienten damit als eine Art Puffer zwischen der römischen Außengrenze und noch unberechenbareren germanischen Gruppen. Für die Führer solcher Bündnispartner hatten diese Abkommen den Vorteil, dass die römischen Zuwendungen, auch in Form von Herrschaftsinsignien, zu einer Statuserhöhung beitrugen. Darüber hinaus lernten diese Gruppen die Römer mit ihren Stärken wie Schwächen besser kennen. Tatsächlich funktionierte das Bündnissystem stets nur für einige Zeit, sowohl mit den Goten und Alamannen wie mit den Franken. Sie spielten immer wieder wechselnde Rollen als Gegner und Partner der Römer.

Eine Sonderrolle nahmen die Hunnen ein (die erst durch die britische Propaganda im Ersten Weltkrieg zu Vorfahren der Deutschen gemacht wurden), wobei ihr Name ebenfalls eine Sammelbezeichnung darstellt. Sie führten eine Art Langstreckenbeutezug, der erst im Jahr 451 durch die Schlacht auf den „Katalaunischen Feldern" in Gallien beendet wurde. Damit brach auch die Herrschaft des Hunnenfürsten Attila zusammen. Unterdessen hatten

die Hunnen die im 4. Jahrhundert nördlich der Donau-
mündung siedelnden Goten teils unterworfen, teils über
die Donau auf römisches Gebiet abgedrängt. Durch die
Flucht über die Donau geriet das bisherige Gefüge des Fö-
deratenwesens aus den Fugen, und die Goten versuchten,
durch die Demonstration militärischer Stärke Einfluss und
Ressourcen zu gewinnen. Als die Römer den scheinbaren
Aufruhr mit linker Hand niederwerfen wollten, endete dies
in einer militärischen Katastrophe: Die Goten schlugen 378
bei Adrianopel, dem heutigen Edirne, die eilig zusammen-
gezogenen römischen Truppen. Diese Scharte konnte zwar
von den Römern noch einmal durch neue Bündnisverträge ausgewetzt werden, doch hatten auch diese nur wenige

Jahre Geltung, da der Gotenfürst Alarich größere Ambitionen hatte. Er verfolgte zwar keinen politischen Plan, aber
eine konsequente Bedrohungsstrategie, die im Jahr 410
schließlich zur Plünderung Roms führte.

Folglich war es das gescheiterte System der Bündnisverträge, das die römische Herrschaft untergrub und letztlich
beendete. Verantwortlich waren dafür also nicht militärische Konfrontationen zwischen Römern und Germanen

**Eroberung der Stadt Rom durch die Westgoten unter Alarich
im Jahr 410, kolorierter Holzstich nach einem Fresko in den
Münchener Hofgartenarkaden, um 1860**

oder der Gegensatz zwischen römischer Dekadenz und germanischem Edelmut, sondern der Kontrollverlust auf römischer Seite. Die sich nun entfaltende militärische Macht der Germanen und auch die Etablierung neuer Herrschaftsstrukturen auf römischem Boden waren eine indirekte Folge römischer Politik an den Außengrenzen des Reiches. Insofern waren die von den Germanen etablierten Herrschaftsgebiete illegitime Kinder des römischen Imperiums. Das galt ebenso für das Führungspersonal dieser Gebiete, das in erster Linie nicht der zivilen Elite, sondern der militärischen entstammte: Männer germanischer Herkunft, die im römischen Heer Karriere gemacht hatten, bis in die höchsten Ränge hinein.

Der Westteil des Reiches hatte aber nicht allein durch die Prozesse in seinen äußeren Regionen an Zusammenhalt verloren. Hinzu kam eine Schwächung im Inneren. Zwar hatten die Kaiser Diokletian und Konstantin durch Reformen eine innere Stärkung herbeigeführt, doch ging diese zugleich mit einer Regionalisierung und Provinzialisierung einher. Seit Diokletian war Rom nur ein Herrschaftszentrum, dem im Osten zuerst Nikomedien (das heutige Izmit) und dann seit Konstantin Konstantinopel an die Seite gestellt wurde. So wurde der östliche Reichsteil zu einem eigenen Reich – seit der Neuzeit „Byzantinisches Reich" genannt –, das freilich dem Selbstverständnis seiner Eliten nach immer noch das Reich der „Rhomäer", der Römer, war. Die Verwaltung des gesamten Imperiums war bereits durch die Einteilung in Provinzen regionalisiert, und durch die Zuordnung der Provinzen zu „Diözesen" und diesen wiederum übergeordneten Präfekturen, die eigene Verwaltungseinheiten bildeten, wurde dies weiter verstärkt. Das Reich provinzialisierte sich also. Der endgültige Zusammenbruch der römischen Herrschaft hinterließ mithin nicht einfach ein Vakuum, sondern hatte sich schon vorbereitet.

Der Herrschaftswechsel in den westlichen Randzonen des Römischen Reiches, der im Laufe des 5. Jahrhunderts letztlich den gesamten Westteil des Imperiums erfasste, ist somit das Ergebnis eines längeren Prozesses. Dasselbe trifft auf das in Geschichtsbüchern immer wieder genannte Enddatum zu: das Jahr 476, in dem der letzte weströmische Kaiser Romulus Augustulus abgesetzt wurde. Der Germane Odoaker, ein in römischen Diensten stehender Offizier, riss in diesem Jahr in Italien die Macht an sich, wie es in den äußeren Gebieten des Reiches zum Teil bereits geschehen

Der Ostgotenkönig Theoderich nach einer Zeichnung in der Handschrift von Cassiodors *Variae*

war oder sich anbahnte. Um sich diplomatisch abzusichern, suchte Odoaker aber zugleich, wenn auch vergeblich, nach Anerkennung durch den oströmischen Kaiser in Konstantinopel. Auf die Kaiserwürde konnte er selbst gut verzichten; er war nun König (*Rex*). Auf ihn folgte 493 der Ostgote Theoderich, der am Kaiserhof in Konstantinopel Karriere gemacht und es zum höchsten militärischen Rang, dem eines Heermeisters (*magister militum*), gebracht hatte. Ihm gelang es besser als seinem Vorgänger Odoaker, ein Einvernehmen mit dem Kaiser in Konstantinopel zu erreichen.

Ähnlich stellt sich der Aufstieg des Frankenherrschers Chlodwig dar. Sein Vater Childerich war Offizier in römischen Diensten gewesen, hatte aber im Norden Galliens schon seine eigene Herrschaft als König etabliert: ein relativ unabhängiger Bündnispartner der Römer. Chlodwig konnte daran anknüpfen und seinen Machtbereich erweitern. Ein Hindernis dafür bildete das Reich des Syagrius, das nördlich der Loire lag. Syagrius entstammte einer gallisch-römischen Familie und behauptete als eine Art Warlord noch einmal die römische Herrschaft in diesem geografischen Raum, wurde jedoch 486 von Chlodwig besiegt. Dieser wiederum führte offenbar nicht nur fränkische Truppen ins Feld, sondern außerdem Reste der in diesem Gebiet stationierten römischen Armee. So war Chlodwig letztlich ebenfalls ein Erbe der römischen Herrschaft.

Konstantin bekannte sich als erster römischer Kaiser zum Christentum. Dieses Fresko von 1246 zeigt die Legende der Konstantinischen Schenkung, der zufolge er im Jahr 317 dem römischen Bischof Silvester I. die kaiserliche Macht über Rom und den Westen des Römischen Reichs übertragen haben soll.

Man spricht lateinisch:
Die antike Kirche bleibt, was sie ist, und ändert sich doch

Die Geschichte der christlichen Theologie und der Kirche als Institution hatte im Judentum und im östlichen Mittelmeerraum, im Nahen Osten und in Nordafrika ihren Anfang genommen. Erst später war das Christentum in den Westen, nach Gallien, Spanien und in das

römische Germanien gekommen. Dortige Gemeinden – wo immer sie genau lagen – werden zum ersten Mal von Bischof Irenäus von Lyon im späten 2. Jahrhundert erwähnt, und dabei betonte Irenäus die Gemeinsamkeit in der Lehre zwischen diesen und den anderen Gemeinden im Römischen Reich. In gewisser Weise war aber auch die christliche Kirche von Beginn an einer „Provinzialisierung" ausgesetzt. Sie musste sich im römischen Nahen Osten, in Nordafrika, in Ägypten, Italien, Spanien, auf dem Balkan und ebenso in Gallien trotz gewisser gesamtrömischer Verbindlichkeiten in Herrschaft und Kultur und trotz starker theologischer und kirchenorganisatorischer Übereinstimmungen in unterschiedliche kulturelle Kontexte einfügen. Dies führte sowohl zu sprachlichen Differenzen, hauptsächlich zwischen dem lateinischen Westen und dem griechischen Osten, wie zu einer unterschiedlichen Organisationsdichte im Blick auf die Bistümer, eine verschiedenartige Ausprägung des Mönchtums und eine ungleichgewichtige theologische Produktivität, die im Osten und in Nordafrika stärker war als in Spanien und in Gallien.

Doch Gallien holte im späten 4. Jahrhundert auf: Nachdem auf Irenäus von Lyon lange kein großer Name gefolgt war, entwickelte sich nun eine reiche, vor allem auf das asketische und monastische Leben bezogene Literatur, die nicht zuletzt der Verehrung des Martin von Tours zugutekam. Allerdings waren die Autoren dieser Werke in Südgallien, also nahe der Rhonemündung zu Hause, nicht in den später „deutschen" Gebieten der Präfektur Gallien. Der prominenteste unter ihnen war der um das Jahr 430 verstorbene Johannes Cassian.

Im 4. Jahrhundert hatte die christliche Kirche in allen Teilen des Reiches eine öffentliche Stellung erhalten, die sie bis in die Neuzeit hinein mit großer Nachhaltigkeit in Staat, Gesellschaft, Verwaltung und Rechtsleben verankerte. Ein entscheidender Faktor war dabei die Religionspolitik der römischen Kaiser seit Konstantin. Allerdings hatte das Christentum bereits in den ersten drei Jahrhunderten seiner Geschichte darauf beharrt,

Augustinus

Mit diesem Theologen, der 354 geboren wurde und 430 starb, kam die christliche Theologie im lateinischen Westen zu ihrem antiken Höhepunkt. Augustinus war damit auch der maßgebliche Stichwortgeber für die mittelalterliche Theologie. Sein Werk vom Gottesstaat (*De civitate Dei*) war der Grundstein mittelalterlicher Geschichtstheologie, seine Hochschätzung der Kirche begründete die Verbindung von Glaube und Institution und seine Lehre von der Erbsünde machte deutlich, dass der Mensch der Gnade Gottes unbedingt bedurfte, er sie aber nur durch die Vermittlung der Kirche erlangen konnte. Umstritten war seine an den Apostel Paulus anknüpfende Auffassung von der Gnade Gottes, die dem Menschen ohne eigene Mitwirkung zuteilwurde. Augustinus' Kritiker hielten eine Mitwirkung des Menschen durch „gute Werke" für notwendig und relativierten damit die von ihm so betonte Macht der Sünde. Augustinus lebte, was er noch nicht wissen konnte, in der Endphase des weströmischen Reichsteils. In Nordafrika geboren und dort als Bischof amtierend fühlte er sich als Römer. Sein Lebensweg hatte ihn nach Rom und nach Mailand geführt, also in das Zentrum römischer Macht. Von außen betrachtet aber zeigt sich bei ihm schon eine Verengung auf das Nützliche und die Tendenz, das nichtchristliche Erbe der Antike zu vernachlässigen. Dennoch gehört es zu seinen bedeutendsten Leistungen, die neuplatonistische Philosophie und die Staatsethik Ciceros in das Christentum integriert und damit erheblich zu dessen Attraktivität beigetragen zu haben.

Der Heilige Augustinus überreicht Gott sein Buch; Illustration aus einer französischen Übersetzung des Gottesstaates, 14. Jh.

ein integraler Bestandteil der römischen Gesellschaft zu sein und sich darin nicht einmal durch Verfolgungen irritieren zu lassen. In allem wollten und sollten sich die Christen integrieren, nur nicht in der religiösen Sphäre. Für den christlichen Gott war aus nichtchristlicher Sicht zwar Platz genug im römischen Götterhimmel, aus christlicher Sicht aber konnte es allein einen Gott geben, der auch dann einer blieb, wenn er seinen Sohn aus der Ewigkeit auf die Erde kommen ließ und sein Heiliger Geist die geschaffene Welt nicht nur in ihrer uranfänglichen Schöpfung, sondern immer wieder belebte. Für die Römer war dieser exklusive Monotheismus freilich Starrsinn und Integrationsverweigerung, nicht nur in religiöser Hinsicht. Das Christentum lernte jedoch schon früh, die Sphären des Weltlichen und des Religiösen zu scheiden und im Weltlichen hoch integrativ zu sein, im Religiösen dagegen eigensinnig und von der Bedeutung der eigenen Heilsbotschaft für die ganze Menschheit überzeugt.

Auf die öffentliche Position, die ihr seit dem 4. Jahrhundert zukam, war die christliche Kirche gut vorbereitet, und die Grundlage dafür war ihr Führungspersonal. Die christlichen Gemeinden in den größeren Städten verfügten seit dem 2. Jahrhundert über Leiter, die den Bischofstitel trugen und die, anders als im weiteren Verlauf der Kirchengeschichte, nicht für größere Gebiete, sondern für einzelne Gemeinden zuständig waren. Dies ist bis heute an der Dichte von Bistümern in Italien nachvollziehbar. Die Bischöfe waren je nach Größe der Stadt und Gemeinde für einen ihnen untergeordneten Klerus zuständig, der sich in Presbyter (Priester) und Diakone gliederte. Hinzu kamen nachgeordnete Ämter, die in der katholischen Kirche noch bis 1973 (und in den orthodoxen Kirchen bis heute) in den sogenannten niederen Weihen wiederzuerkennen waren. Das Diakonat hatte in der Antike neben „diakonischen" ebenso liturgische Aufgaben, und dieses Amt stand bis ins 5. und 6. Jahrhundert auch noch Frauen offen, allerdings vor allem in den östlichen Regionen der Kirche.

Durch briefliche Kontakte zwischen einzelnen Bischöfen und zunehmend durch regionale und überregionale Bischofsversammlungen (Synoden) wuchs seit dem 2. Jahrhundert die Vernetzung zwischen den Bistümern, was dem Austausch über Fragen der Theologie und des kirchlichen Lebens diente. Das Christentum verfügte dadurch bereits vor der „Konstantinischen Wende" über eine Organisationsstruktur, mit der bis heute keine andere Religion konkurrieren kann. Hinzu kam eine kontinuierliche Weiterentwicklung der Theologie und das Bemühen um eine Verständigung mit der zeitgenössischen Kultur und Philosophie. Die Gottesvorstellung konnte mit dem populären Neuplatonismus, die gesellschaftlichen Ordnungsvorstellungen mit denen Ciceros, die Lebensführung mit dem stoischen Ethos abgeglichen werden. Christliche Autoren, nicht nur Kleriker, arbeiteten seit dem 2. Jahrhundert nämlich an einer Theologie, die nicht nur Dogmatik, sondern zugleich Ethik war. Zwar war der christliche Anspruch, die bessere Ethik zu leben, für traditionsbewusste Römer nicht unbedingt glaubhaft, doch diente dieser Anspruch der Formierung einer Gruppenidentität, die durchaus attraktiv für Außenstehende war.

Das Christentum als Religion, die theologische Tradition, die Gemeinden, die Bischöfe und der Klerus sind schon auf den ersten Blick Elemente, die Veränderungen in der Zeit der Spätantike, ob man sie nun als Völkerwanderung oder als Transformation beschreibt, überdauerten. Andererseits liegt hier auch keine bruchlose Kontinuität vor, denn die Verluste sind gleichfalls unübersehbar: Innerhalb weniger Jahrzehnte veränderte sich das Umfeld christlichen Lebens und Denkens. Die Städte entvölkerten sich, die Lesefähigkeit schwand und der Anteil der Menschen, die antike Texte lesen und studieren konnten, verringerte sich deutlich. Viele antike christliche wie nichtchristliche Texte wurden nicht mehr abgeschrieben und so nicht mehr überliefert.

Bezogen auf die deutsche Geschichte heißt das, dass die in den Römerstädten an Rhein, Mosel und Donau bezeugten Bischofssitze nicht weniger als die Bistümer in Gallien gleichermaßen Objekte wie Subjekte sowohl von Brüchen wie von Transformation und Kontinuität waren. Für das 4. und 5. Jahrhundert sind christliche Bischöfe unter anderem in Köln, Augsburg, Straßburg, Speyer und Worms bezeugt, in Trier sogar für das 3. Jahrhundert. Dass die Bischofslisten dann aber bis zu ihrem Wiedereinsetzen im 6. Jahrhundert große Lücken aufweisen, zeigt, dass es jedenfalls beim Führungspersonal zu Abbrüchen kam, ohne dass die Gemeinden und die Institution Kirche untergegangen sein müssen. Damit ist jedoch ebenfalls gesagt, dass die Informationen über das Christentum in dieser Zeit spärlich sind und sich nur auf den städtischen Kontext beziehen. Insgesamt ist zudem in Rechnung zu stellen, dass die intellektuelle Höhe, auf der sich die Theologie im Westen des Reiches insbesondere durch Augustinus befand, nicht die Norm des gemeindlichen Lebens gewesen sein muss. Die Religiosität der Christen, zu denen genauso diejenigen zu zählen wären, die gar nicht getauft waren, allerdings mit dem Christentum sympathisierten, kann durchaus konventionell gewesen sein: sichtbar im Besuch des Gottesdienstes, doch ohne jene „Frömmigkeit", die in der Neuzeit von bestimmten christlichen Strömungen eingefordert wurde. Die Gemeinden waren keine Zusammenschlüsse profilierter Frommer, sondern Zusammenschlüsse von Menschen, die das Christentum – zumal nach der Konstantinischen Wende – attraktiv fanden, und das nicht zuletzt in sozialer Hinsicht.

Problematisch sind also Wertungen, welche die Umformungsprozesse der Spätantike als Ursache für eine „Barbarisierung" des Christentums und eine Tendenz zum Rückfall ins „Heidentum" sehen. Begriffe wie „primitiv", „archaisch" oder eben „barbarisch" können ebenso positiv (im Sinne von „ursprünglich") wie negativ (im Sinne eines Kulturverlustes) gemeint sein. Religiosität lässt sich vor dem 20. Jahrhundert nur schwer messen und gewichten, der Maßstab können oft nur die Kirchenorganisation sowie der Gebrauch und die Produktion theologischer Literatur sein. Andererseits traten neue Elemente in den Vordergrund wie die Heiligenverehrung, die schon früh einen wichtigen Teil christlicher

Wulfila und der Arianismus

Das Bekenntnis zu dem Gott, der in drei Personen als Vater, Sohn und Heiliger Geist eine Einheit bildet, wurde in den ersten Jahrhunderten des Christentums allmählich entfaltet. Im 4. Jahrhundert kam es zum Konflikt über die Frage, ob der Sohn dem Vater unter- oder gleichgeordnet sei. Die erste Auffassung vertrat der in Alexandria tätige Priester Arius. Die zweite Auffassung wurde zwar auf einem Konzil, das Kaiser Konstantin 325 einberief, bevorzugt, doch behielten die theologischen Erben des Arius noch die Oberhand, besonders im Osten des Reiches. Ihre Position wurde auch von einem Sohn Konstantins geteilt, der als Constantius II. seinem Vater nachfolgte. Damit wurde das „arianische" Bekenntnis zum staatlich erwünschten und geförderten. Dies änderte sich erst mit einem weiteren Konzil, das 381 in Konstantinopel stattfand und das sich gründlicher mit der Stellung des Heiligen Geistes befasste. Gerade in die Zeit der Förderung des „arianischen" Bekenntnisses fällt der Plan, die Goten zum Christentum zu bekehren. Dafür ausersehen war der Gote Wulfila. Er wurde 341 in Antiochia zum Missionsbischof für die nördlich der Donau lebenden Goten geweiht. Ihm verdankt sich die Übersetzung der Bibel ins Gotische, für die er erst einmal ein Alphabet entwickeln musste – ein typisches Beispiel dafür, wie sich Volkssprachen unter christlichem Einfluss ausbildeten. Durch Wulfilas Mission kam das Christentum in seiner „arianischen" Form zu den Goten und auch zu anderen Germanen.

Bergpredigt und Vaterunser in der Übersetzung Wulfilas in einer westgotischen Evangelienhandschrift (*Codex argenteus*), 6. Jh.

Religiosität bildete, sich seit dem späten 4. Jahrhundert aber erheblich intensivierte. Ob das nun „magisch", „archaisch" oder „primitiv" ist, ist eine andere Frage. Zwar ist auch der Begriff „Volksreligiosität" wenig hilfreich, doch lässt sich damit immerhin beschreiben, dass sich christliche Frömmigkeit nicht oder höchstens in bestimmten Formen normieren ließ. Außerdem ist über den Bildungsstand des Klerus letztlich zu wenig

Mittelalter

Dieser Begriff beinhaltet die Vorstellung einer häufig immer noch als dunkel angesehenen Zwischenepoche – ein Ergebnis von Verfallstheorien, die ihren Ursprung in der Renaissance hatten und durch die Reformation und den Protestantismus populär wurden. Während sich die Renaissance als eine kulturelle Wiedergeburt sah, wollte die Reformation eine Wiedergeburt des ursprünglichen Christentums. Papsttum, Mönchtum und die Schultheologie des Mittelalters (die Scholastik) hatten nach dieser Auffassung die Predigt Jesu und seiner Apostel verdorben und damit auch die Botschaft der alleinigen Rechtfertigung des Menschen durch die Gnade Gottes, wie sie durch Augustinus wiederbelebt worden war. An ihre Stelle sei die Auffassung getreten, der Mensch müsse sich durch sein Tun vor Gott gerecht machen. Die aus heutiger Sicht in der Epoche des Mittelalters lebenden Menschen aber sahen sich selbst nicht als Zwischenerscheinung an, sondern als Erben der Antike. Die abwertende Sicht des Mittelalters als eines finsteren Zeitalters ist in den letzten Jahren und Jahrzehnten einem positiveren Bild gewichen. Dazu haben nicht zuletzt große Ausstellungen über das Mittelalter beigetragen, die Kunst und Kultur dieser Zeit ebenso wie Politik und kirchliches Leben in einem helleren Licht darstellten. Tauglich ist die Epochenbezeichnung „Mittelalter" und die Untergliederung in Früh-, Hoch- und Spätmittelalter auf jeden Fall nur noch in dem Sinne, dass sich damit eine Zeitspanne von rund 1000 Jahren strukturieren lässt.

bekannt, als dass sich unterhalb der Ebene der Bischöfe Gewissheit darüber gewinnen ließe, wie intellektuell und reflektiert der christliche Glaube bereits bei seinen Funktionsträgern war. Wenn hingegen gern die Fixierung auf den „Kult", also auf Gottesdienst und Heiligenverehrung, für die Zeit des Frühmittelalters kritisiert wurde, ließe sich wiederum fragen, ob das nicht eine spezifisch protestantische Kritik ist.

Außer Grabinschriften existieren für das spätantike Christentum im späteren Deutschland keine literarischen Zeugnisse. Anders ist dies im Blick auf die frühe Geschichte des Christentums im späteren Österreich: Die Lebensbeschreibung des Severin von Noricum berichtet über das Wirken dieses Mönches und Klostergründers im 5. Jahrhundert im Gebiet der Donau zwischen Passau und Wien und über das schon zu dieser Zeit intensive kirchliche Leben dort. Was das spätere Deutschland angeht, ist man auf materielle Spuren des antiken Christentums angewiesen. Davon lassen sich immerhin einige finden: Ob es in Köln im 4. Jahrhundert eine Bischofskirche gab und ob diese unter dem heutigen Kölner Dom lag, lässt sich aus dem archäologischen Befund nicht einwandfrei ablei-

ten. In Trier jedoch, der Hauptstadt der Provinz Gallien und zeitweiligen Kaiserresidenz, entstand auf jeden Fall bereits in der Zeit Kaiser Konstantins eine große Domanlage; hier sind archäologisch für das Ende des 4. Jahrhunderts überdies christliche Gräber bezeugt, ebenso haben sich Alltagsgegenstände mit christlichen Symbolen aus dieser Zeit erhalten. In Mainz sind die Funde spärlicher, aber da es hier einen Bischof gab, müsste es eine Bischofskirche gegeben haben. In Mainz sind ebenfalls spätantike christliche Gräber bezeugt. Im 4. Jahrhundert setzte im Übrigen auch in den später deutschen Römerstädten die Märtyrerverehrung ein: In Trier wurde Alban verehrt, in Augsburg Afra – allerdings ist es gerade im Falle Afras nicht sicher, ob es sich um eine historische Person handelt, die tatsächlich, wie die Legende sagt, in der letzten großen Christenverfolgung zu Beginn des 4. Jahrhunderts das Martyrium erlitt. Ähnlich ist der Fall der Regensburger Lokalheiligen Sarmannina, über die nichts historisch Zuverlässiges bekannt ist. Ihr Grabstein wird oft auf eine Zeit um das Jahr 400 datiert, doch kann er genauso in spätere Zeiten gehören. Sicher lässt sich in diesen und anderen Fällen nur sagen, dass die Verehrung solcher Glaubenszeuginnen und -zeugen schon auf das 5. oder gar 4. Jahrhundert zurückgeht. Dies gilt beispielsweise für die Verehrung zweier Männer, die um das Jahr 360 bei der römischen Militärsiedlung Colonia Ulpia Traiana am Niederrhein getötet wurden. Über ihr persönliches Schicksal und darüber, ob sie überhaupt Christen waren, ist nichts bekannt, sie wurden aber seit dem späten 4. Jahrhundert als christliche Märtyrer verehrt und ihre Gräber wurden dementsprechend überbaut. Um diese Gräber herum wuchs eine neue Siedlung: *Ad Sanctos* („bei den Heiligen"), also Xanten.

Ein besonderes Problem ist nicht zuletzt die Perspektive auf die übergemeindliche Gestalt der Kirche in und nach den Transformationsprozessen der Spätantike. So wie man häufig von „Germanenreichen" spricht und damit spätmittelalterliche oder gar neuzeitliche Vorstellungen an Herrschaftsformen und politische Ordnungen des Frühmittelalters heranträgt, wird das Kirchenwesen gern aus neuzeitlicher Perspektive gese-

hen und von „Landeskirchen", „Nationalkirchen" oder „Reichskirche" gesprochen. Abgesehen davon, dass die neuzeitlichen Größen Staat und Kirche kaum in der Zeit der Spätantike und des Frühmittelalters wiedererkannt werden können, ist dies insofern problematisch, als spezifisch protestantische Vorstellungen bei dieser Begrifflichkeit eine Rolle spielen. Das Frankenreich war damit eine Art Preußen vor der Zeit, ein Staat mit einer Kirche, in der der Herrscher das Oberhaupt und die Untertanen Mitglieder beider Größen waren.

So viel sich aber auch in der Kirche im Übergang von der römischen Antike zum Frühmittelalter hin ändern mochte: Die Ämterstruktur blieb und ebenso blieben – jedenfalls mittelfristig nach Überwindung des Arianismus – die Normativität der Dogmenbildung der ersten fünf Jahrhunderte und das Lateinische als Kirchensprache. Hieran konnte selbst Wulfila mit seiner gotischen Bibel nichts ändern, denn sie fand kaum Verbreitung.

Der Trierer Dom, entstanden im 4. Jahrhundert, wurde im 11./12. Jahrhundert zur dreischiffigen romanischen Kirche umgebaut. Hier ist die Westfassade (11. Jh.) mit der Liebfrauenkirche (rechts) zu sehen.

Die Taufe des Frankenkönigs Chlodwig und ihre Folgen

Auf der Suche nach dem wahren Glauben: Chlodwig wird katholisch

Das Frankenreich entsteht auf dem Boden der Kirche

Mission nach außen und nach innen

Von den Heiligen lernen heißt Christentum lernen

Herrschaft und Religion: Im König ist das Heil

Bischof Remigius von Reims tauft den Frankenkönig Chlodwig (um 500); Gemälde von Jean-François Gigoux, 1850.

Auch wenn Albert Hauck in seiner *Kirchengeschichte Deutschlands* mit dem Christentum in den Römerstädten an Rhein und Mosel einsetzte, war doch für ihn, wie er ebenfalls schon auf den ersten Seiten des ersten Bandes schrieb, die Taufe des Frankenkönigs Chlodwig „das erste kirchliche Ereignis, welches Deutschland unmittelbar betrifft".

Mit Chlodwig und seinen Nachfolgern und noch mit Karl dem Großen betreten Herrscher die historische Bühne, die von den späteren Deutschen und Franzosen für sich beansprucht werden konnten. So wurde Chlodwig im 19. Jahrhundert auch durch eine Gedenktafel in der Regensburger Walhalla geehrt und somit zu den Urvätern der deutschen Geschichte gezählt. Hier zeigt sich das Problem einer neuzeitlich-nationalen Vereinnahmung des Frühmittelalters, denn die fränkischen Könige waren eher europäische denn nationale Gestalten – wenngleich der Begriff „Europa" hier ebenso anachronistisch ist wie der der Nation. Gerade die europäische Dimension aber wurde nach langer „Erbfeindschaft" zwischen Deutschen und Franzosen in der Zeit nach dem Zweiten Weltkrieg wichtig. Reims als Taufort Chlodwigs und Aachen als Herrschersitz Karls des Großen wurden zu symbolischen Orten für die Versöhnung zwischen Deutschland und Frankreich. Dafür stehen der seit 1950 in Aachen verliehene Karlspreis ebenso wie die Messe, die 1962

in der Kathedrale von Reims auf Anregung von Charles de Gaulle gefeiert wurde: Hier besiegelten der französische General und Staatspräsident und der deutsche Kanzler und Staatsmann Konrad Adenauer eine Freundschaft, deren Wurzeln in einer Zeit vor jedem Völkerhass lagen.

Mit der Taufe Chlodwigs begann fast noch unmerklich eine neue Epoche. Während die Antike durch Abbrüche und Transformationen ihre kulturelle, politische und wirtschaftliche Kraft verlor, bauten Chlodwig und die Franken eine neue Ordnung auf, die an die Stelle der antiken treten konnte, so wie die antiken Großbauten nun als Steinbrüche für neue Gebäude dienten. Das Ergebnis war zwar zumeist eher bescheiden, aber immerhin gelang es, auch am westlichen und südwestlichen Rand des späteren Deutschlands römische Kultur in verwandelter Form zu bewahren und damit das Christentum. Nach wie vor betraf dies jedoch nur einen kleinen Teil des späteren deutschen Gebietes: Die Franken, die sich als neue Macht an der ehemaligen Rheingrenze etablierten, expandierten zuerst nach Westen und Südwesten und brachten die ehemals römischen Gebiete im heutigen südlichen Belgien und nördlichen

Bronzestatue Chlodwigs (Hofkirche in Innsbruck, Maximiliansgrab)

Frankreich unter ihre Kontrolle. Dabei ist es nicht un-problematisch, von „den Franken" zu sprechen, da sich ihre Vorgeschichte im Dunkeln verliert und sie bis ins 5. Jahrhundert hinein wenigstens in die Rheinfranken im Gebiet rund um Köln und in die sich am Niederrhein etablierenden Salfranken unterschieden werden können, wobei es sich wiederum um Sammelbezeichnungen für verschiedene Gruppen handelt: Auch hier ist es eben schwierig, von „Völkern" oder „Stämmen" zu sprechen. Erst mit ihrem Anführer und König Chlodwig werden die Franken ansatzweise zu dem, was sie im Rückblick sind: zu einem Volk mit einem Reich und einer Dynastie. Dass sie alles andere als eine Einheit bildeten, zeigt der auf Chlodwig folgende Zerfall seines Reiches. Letztlich wurden die Franken erst durch Karl den Großen das, was sie schon unter Chlodwig gewesen sein sollen.

Chlodwig ist also ebenso Übergangs- wie Gründer-gestalt. Dafür spricht bereits die Aufmerksamkeit, die ihm die frühmittelalterlichen Quellen zuwenden, von denen es freilich nicht allzu viele gibt. Diese Epoche ist in historischer Hinsicht von zahlreichen dunklen Stellen gekennzeichnet. So ist es fast kein Wunder, dass der Hobbyhistoriker Heribert Illig in den 1990er-Jahren die Auffassung verbreitete, die Zeit zwischen 614 und 911 habe es gar nicht gegeben, sondern sei eine Fälschung späterer Quellen: das „erfundene Mittelalter". Dement-sprechend wäre auch Karl der Große eine Gestalt der

Fantasie. Diese Spekulation hängt an verschiedenen Hy-pothesen, letztlich aber doch daran, dass die Quellenlage für diese Zeit und für das 6. Jahrhundert an vielen Stellen lückenhaft ist.

Während Chlodwig und sein Vater Childerich nun historisch fassbare Personen sind, ist dies bei Chlodwigs Großvater Merowech anders: Zwar ist davon auszuge-hen, dass es sich bei ihm um eine geschichtliche Gestalt handelt (er nicht nur ein Produkt der Legende ist), doch ist die Quellenlage ausgesprochen unsicher. Gregor von Tours kommt in seiner Geschichtsdarstellung auf die Fra-ge zu sprechen, wer denn der erste König der Franken war – eine Frage, die von den älteren Geschichtsschrei-bern übergangen worden sei, die aber für Gregor selbst ebenfalls letztlich im Dunkeln bleibt. Allerdings ist der Titel König (Rex) für diese Zeit auch noch nicht sehr aussagekräftig und nicht im Sinne des mittelalterlichen Königtums zu verstehen.

Nach einem Vorläufer mit Namen Theudomer, der von den Römern wohl um das Jahr 428 hingerichtet wurde, ist ein gewisser Chlogio (oder Chlodio) für Gregor eine wichtige Gestalt, da mit ihm die Geschichte des fränki-schen Herrschergeschlechts der Merowinger beginnt. Aus seinem Geschlecht nämlich stamme nach der Meinung einiger, so Gregor, ein gewisser Merowech, der wiederum der Vater Childerichs gewesen sei. Über Merowech ist von Gregor von Tours und aus anderen Quellen wenig in

Die ersten Könige der Franken: Faramund (Theudomer), Chlodio, Merowech, Childerich, Chlodwig, Childebert und Chlothar; französischer Bilderbogen, um 1850

Iʳᵉ Race. Pharamond, s Mérovingiens. de 420 à 428. — Clodion, de 428 à 448. — Mérovée, de 448 à 458. — Childéric I, de 458 à 481. — Clovis I, de 481 à 511. — Childebert I, de 511 à 558. — Clotaire I, de 558 à 561.

Erfahrung zu bringen. Die sogenannte Fredegar-Chronik war es dann, die im 7. Jahrhundert die populär gewordene Auffassung begründete, Merowech sei der Namensgeber des Königsgeschlechtes der Merowinger gewesen.

Mehr als über Merowech lässt sich über Chlodwigs Vater Childerich sagen, von dem nicht nur literarische Quellen zeugen: 1653 wurde sein Grab im heute belgischen Tournai (Tornacum) entdeckt, der Hauptstadt seines Reiches. Childerichs Herrschaft war immer noch eng an die römische Vormacht gebunden gewesen, in deren Diensten er stand, von der er sich aber auch schon emanzipiert hatte. So beförderte er einerseits den Auflösungsprozess der römischen Macht durch die Errichtung eines eigenen Königtums (er war also ein *Rex*), verzögerte ihn andererseits durch seine Dienste als römischer Offizier im Kampf gegen andere Feinde des Römischen Reiches wie die Sachsen und die Westgoten. Der Religion nach war Childerich „Heide", das heißt kein Christ. Die Reste der im Laufe der Jahrhunderte weithin verloren gegangenen Grabbeigaben lassen jedenfalls keine Sympathien für das Christentum erkennen, das ja immerhin, wenigstens offiziell, die Religion des nach wie vor mächtigen römischen Verbündeten war. Allerdings lassen sie ebenso keine sonstigen Schlüsse auf seine Religiosität zu, da sie durch ihren künstlerischen und materiellen Wert vor allem den Rang ihres Trägers dokumentieren sollten.

Auf der Suche nach dem wahren Glauben: Chlodwig wird katholisch

Als Childerich im Jahr 482 starb, war es damit sein Sohn Chlodwig, der aus der weiterhin bestehenden Grundsituation einer sich fragmentierenden römischen Macht für sich das Beste machen musste. Und das tat er: Den letzten Träger römischer Herrschaft in seiner Nachbarschaft, den in eigener Regie und mit dem Titel eines *Dux* (von lat. *ducere*, „führen") herrschenden Syagrius, besiegte er 486 bei Soissons und übernahm dessen Herrschaftsgebiet, das bis an die Loire reichte. Damit konnte Paris zum Zentrum des fränkischen Reiches werden. Dieser erste Coup war die Grundlage für die

weitere Expansion der Herrschaft Chlodwigs, die nicht nur nach Süden ausgriff und die Westgoten weitgehend über die Pyrenäen abdrängte, sondern die fränkische Macht auch bis an den und über den Rhein hinaus ausdehnte. Die Vereinnahmung der dortigen Rheinfranken war jedoch keine Familienzusammenführung, sondern ebenfalls ein gewaltsamer Akt. Damit hatte das Frankenreich einen ersten Gebietsteil auf später deutschem Boden, wobei dessen Umgrenzungen eher diffus und auf Karten schwer darstellbar sind. Immer noch waren es die alten Römerstädte Köln, Mainz und Trier, die die Vorposten der fränkischen Herrschaft bildeten. Was weiter östlich von ihnen geschah, lässt sich aus den Quellen kaum erkennen, und diese Quellen konnten nur römische oder fränkische sein, da die Bewohner des Gebietes östlich des Rheins keine Quellen hinterlassen haben.

Diese nun fränkischen Gebiete auf später deutschem Boden konnte Chlodwig durch die Vereinnahmung der von den Alamannen beherrschten Gegenden am Oberrhein ergänzen. Zwar steht auch hierfür eine Schlacht, doch dürfte dabei außerdem eine allmähliche Herrschaftsübernahme der Franken eine Rolle gespielt haben – über die Herrschaftsformen der Alamannen ist allerdings wenig bekannt. In der Folgezeit wurde das Gebiet der Alamannen dem Frankenreich angegliedert, obgleich es formell eine Art Teilautonomie unter eigenen Herzögen genoss, die aber wiederum von den Franken eingesetzt wurden. An die Alamannenschlacht, die ungefähr auf das Jahr 496/97 zu datieren und bei Zülpich zu lokalisieren ist, knüpft sich Chlodwigs Weg zur Taufe. Chlodwig soll (und das lässt sich durchaus als historisch ansehen) gelobt haben, sich bei einem Sieg taufen zu lassen. Dieses Gelübde erfüllte er, allerdings hätte er im Grunde noch die Wahl zwischen der „arianischen" und der „katholischen" Variante des Christentums gehabt.

Gebraucht man die Begriffe „arianisch" und „katholisch" (es ließe sich auch „orthodox" im Sinne von rechtgläubig, nicht aber im Sinne des Bekenntnisses der späteren Ostkirche sagen), hatten Chlodwig und seine

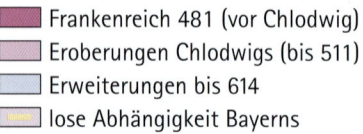

Frankenreich 481 (vor Chlodwig)
Eroberungen Chlodwigs (bis 511)
Erweiterungen bis 614
lose Abhängigkeit Bayerns

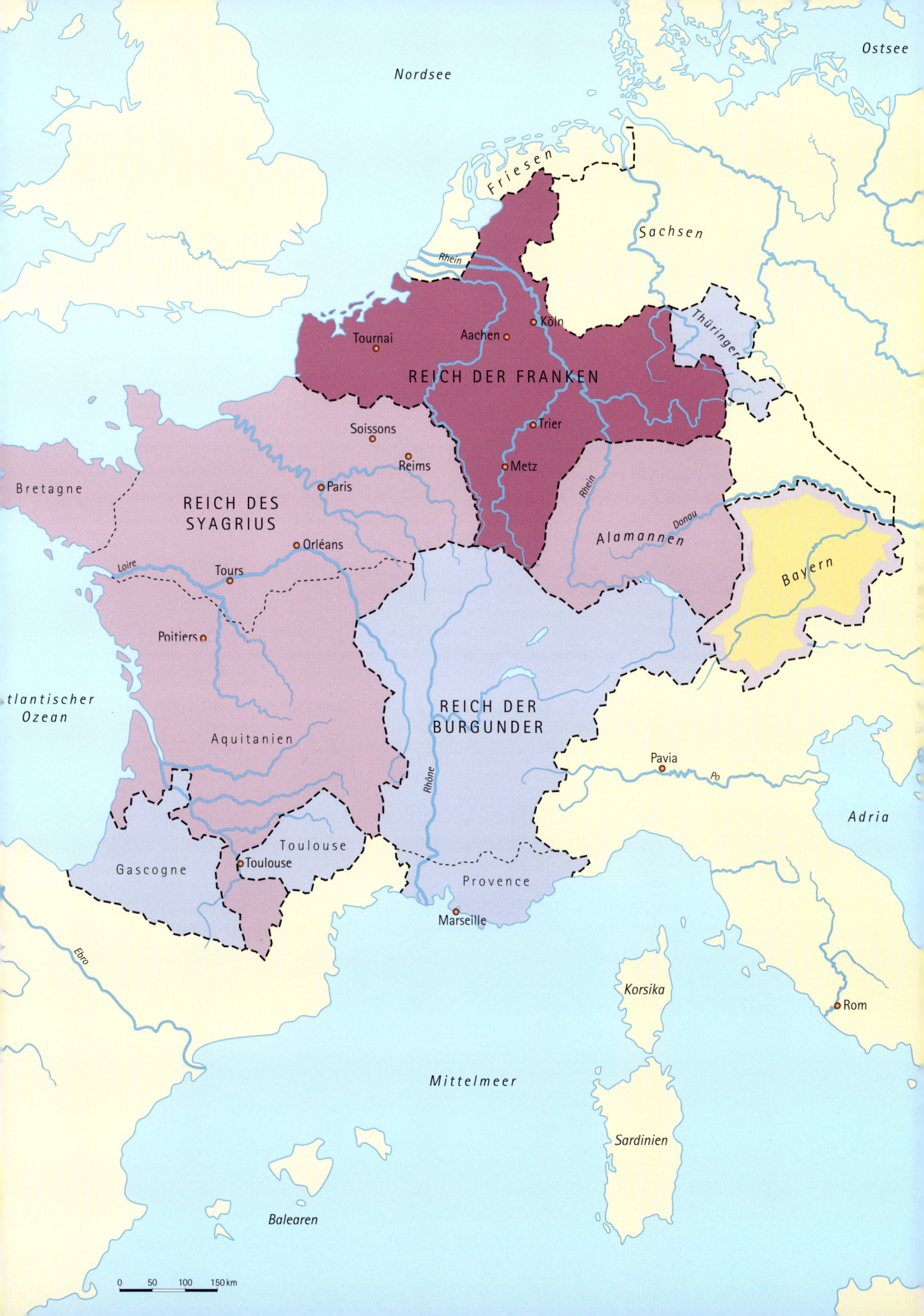

Ostsee

Nordsee

Friesen

Sachsen

Rhein

Thüringer

Köln

Aachen

REICH DER FRANKEN

Tournai

Soissons

Trier

Reims

Metz

Bretagne

Paris

REICH DES
SYAGRIUS

Donau

Alamannen

Bayern

Orléans

Loire

Tours

Poitiers

Atlantischer
Ozean

REICH DER
BURGUNDER

Pavia

Po

Aquitanien

Rhône

Adria

Toulouse

Gascogne

Toulouse

Provence

Marseille

Ebro

Korsika

Rom

Mittelmeer

Sardinien

Balearen

0   50   100   150 km

Zeitgenossen eine andere Perspektive darauf, als sie die christliche Theologie damaliger und heutiger Zeit hat. Beide Richtungen stellten etwas dar, was es in der Antike und im Frühmittelalter eigentlich gar nicht geben konnte, nämlich zwei Konfessionen des Christentums. So wird heutzutage in der theologischen Wissenschaft gern versucht, den Ketzertitel „Arianer" durch den theologiegeschichtlich korrekteren Begriff „Homöer" zu ersetzen: Diese Weiterentwicklung der Position des Arius war unter einem der Söhne Kaiser Konstantins, Constantius II., in den Fünfzigerjahren des 4. Jahrhunderts kurze Zeit die politisch erwünschte gewesen, und dieser hatte bis zu seinem Tod 361 nichts unversucht gelassen, um sie durchzusetzen. Die Vertreter dieser Richtung sahen den Sohn Gottes und seinen Vater allenfalls als ähnlich an, also nicht

als gleichrangig in der Trinität. Doch ob den Menschen des 4. und 5. Jahrhunderts die dogmatischen Feinheiten wirklich bewusst waren, wird man durchaus bezweifeln dürfen. Ähnlich wie im Verhältnis späterer Konfessionen wird sich das Eigene häufig eher durch die Abgrenzung vom Anderen definiert haben.

Und selbst wenn die Anhänger des Arianismus oder des Homöertums in den Augen ihrer Gegner theologisch gesehen Ketzer waren, musste das Vertreter dieser Position wie den Ostgotenkönig Theoderich jedenfalls so lange nicht stören, wie sie politische Macht hatten. Theoderich hatte sich sein Bekenntnis zudem ebenso wenig aussuchen können wie Protestanten oder Katholiken in der Neuzeit. Im Reich Theoderichs, in Italien, wie auch im Reich der Westgoten, in Spanien, war der

**Chlodwigs Gelöbnis, sich taufen zu lassen, vor der Schlacht bei Zülpich 496;
kolorierter Holzstich nach einer Zeichnung von Hermann Knackfuß**

Chrodechilde und Chlodwig, Farblithografie nach einer Zeichnung von Albert Kretschmer

Arianismus die offizielle Religion, ohne dass jene, die ihm anhingen, ihn als minderwertig oder ketzerisch angesehen hätten. Dies war nur ein Vorwurf von „katholischer" Seite, die zum Beispiel vom Kaiser in Konstantinopel repräsentiert wurde. Dieser aber hatte seine eigenen machtpolitischen Interessen, bei denen konfessionelle Fragen lediglich ein Faktor unter mehreren waren. Dennoch war deutlich, dass der Anschluss an die „katholische" Konfession vorteilhafter sein konnte, wenn es um gute Beziehungen zu Konstantinopel ging.

Unterdessen wurde Chlodwig von einem randständigen Herrscher über ein Kleinkönigtum zum Nachfolger der römischen Macht in Gallien. Das weströmische Kaisertum war erloschen, und umso deutlicher waren nun jene Könige sichtbar, die sich aus seiner Erbmasse heraus kulturelle Traditionen und Herrschaftsformen angeeignet hatten. Neben Chlodwig war dies vor allem der in Ravenna residierende Ostgotenkönig Theoderich, der im Sinne einer Bündnispolitik sogar eine Ehe mit der Schwester Chlodwigs, Audofleda, einging. Die Reiche beider lagen einstweilen weit genug auseinander, als dass sie miteinander in Konflikt geraten konnten. Und wie Theoderich, so erhielt auch Chlodwig die diplomatische Anerkennung durch den oströmischen Kaiser, was beide, ideell gesehen, immer noch zu Statthaltern der alten römischen Kaisermacht auf dem Boden ihrer Reiche machte. Diese Vernetzung mit den christlichen Reichen dürfte Chlodwigs Entschluss zur Taufe befördert haben – wobei ihn die Option des arianischen Bekenntnisses in die Nähe Theoderichs, die des katholischen Bekenntnisses in die Nähe des Kaisers in Konstantinopel gebracht hätte.

In Chlodwigs Fall kam noch etwas hinzu: Das Frankenreich expandierte auf ehemals römischem Boden, und seine Bewohner waren, sofern sie Christen waren, katholisch. Sie gehörten zur „gallorömischen" Bevölkerung, die die römische Kultur und allmählich auch das Christentum angenommen hatte. In welchem Maße dies um das Jahr 500 der Fall war, ist schwer festzustellen, in jedem Falle war das Christentum in den Städten zur führenden

Religion geworden, was seine Sichtbarkeit und die intellektuelle Kompetenz seiner Geistlichkeit betrifft. Diese aber stand seit den Streitigkeiten um den Arianismus im 4. Jahrhundert fest zur katholischen Position.

Und noch ein weiterer Faktor dürfte Chlodwigs Entscheidung für die katholische Konfession begünstigt haben: Er war seit ungefähr 493 verheiratet mit Chrodechilde, einer Prinzessin aus dem burgundischen Königshaus. Die Burgunder, die Jahrhunderte später die Hauptdarsteller des hochmittelalterlichen Nibelungenliedes sein sollten, teilten die wechselvolle Geschichte aller Germanenvölker: Sie waren römische Föderaten gewesen, hatten versucht, durch die Aufkündigung des Bündnisses mit den Römern ihren Profit zu erhöhen, waren geschlagen worden und hatten sich schließlich doch aus der Erbmasse des Römischen Reiches bedienen können. Im Verlauf dieser Geschehnisse bestand ihre „Völkerwanderung" in Ausweichbewegungen, die durch Konflikte mit Römern, Alamannen und Ostgoten bedingt waren. Zur Zeit Chlodwigs standen die Burgunder in engem Kontakt mit den Franken, der jedoch

Chrodechilde

Das Beispiel Chrodechildes zeigt, dass die fränkischen Königinnen erhebliche Macht hatten, und dies nicht nur in dem Sinne, dass sie ihre Männer beeinflussten. Die Herrschaft der fränkischen Königinnen hatte oft einen eigenständigen Charakter, der in der Festigung der kirchlichen Organisation und in der Stiftung von Kirchen und Klöstern zum Ausdruck kam, aber auch in eigener Macht- und Familienpolitik. Chrodechilde betrieb diese, indem sie nach der Teilung des Frankenreiches ihren Einfluss zu wahren versuchte, was sehr deutlich wurde, als sie nach dem Tod ihres Sohnes Chlodomer die Vormundschaft über dessen Söhne, ihre Enkel, übernahm und somit die Herrschaft in diesem Teilreich – allerdings scheiterte dieses Projekt am

Widerstand ihrer anderen Söhne. Chrodechilde trug sowohl zur katholischen Taufe Chlodwigs wie zur Durchsetzung des katholischen Bekenntnisses im Frankenreich bei. Prominent wurde sie durch Gregor von Tours. In Tours verbrachte sie ihre letzten Lebensjahre in einem von ihr gegründeten Frauenkloster (sie starb 544), so dass Gregor auf lokale Überlieferungen zurückgreifen konnte. Wie eigenmächtig sie Kirchenpolitik betrieb, lässt sich daran sehen, dass sie im Jahr 520 oder 521 kurzerhand parallel zwei Bischöfe in Tours einsetzte, Theodorus und Proculus, die zuvor aus dem Burgunderreich vertrieben worden waren. Bestattet wurde Chrodechilde neben Chlodwig in jener Pariser Kirche, in der sich auch die Grablege der Lokalheiligen Genovefa befand und die von ihr und Chlodwig gestiftet worden war.

nicht lange anhielt und 532 mit ihrer Eingliederung in das Frankenreich endete. Die Heirat zwischen Chrodechilde (die in späteren Quellen auch als Chlothilde in verschiedenen Schreibweisen auftaucht) stellte die Besiegelung eines einstweiligen politischen Bündnisses dar, das bald wieder in einen Konflikt umschlug. Chrodechilde aber war Anhängerin der katholischen Richtung des Christentums. Dies war bei den Frauen des burgundischen Königshauses keine Einzelerscheinung: Unter den Burgundern waren sowohl Katholiken wie Arianer, was unterschiedliche Bündnisoptionen mit katholischen Römern oder arianischen Nachbarn wie den Ost- und Westgoten offenhielt. Möglichkeiten wechselseitiger Toleranz gab es also, genauso wie Theoderich in Italien mit der alteingesessenen katholischen Bevölkerung Frieden hielt – dafür zeugen bis heute die kirchlichen Bauten der Arianer und der Katholiken in Ravenna.

Dass Chrodechilde das Christentum und insbesondere seine katholische Richtung in das fränkische Herrscherhaus einbrachte, ist offensichtlich. Dies ist sicher nicht nur ein privates Interesse gewesen (was bei der Angehörigen eines Herrscherhauses auch ungewöhnlich wäre), son

dern ein politisches. Ein erster Versuch zu einer religiösen Neupositionierung des fränkischen Königshauses ist die Taufe des ersten Sohnes von Chrodechilde und Chlodwig auf das katholische Bekenntnis ungefähr im Jahr 494. Glaubt man Gregor von Tours, nutzte Chrodechilde die Gelegenheit zu einer Missionspredigt an Chlodwig, in der sie ihm im Stile der antiken christlichen Apologetik die Nichtigkeit der heidnischen Götter zu demonstrieren versuchte. Allerdings erwies sich dieser Versuch als kompletter Fehlschlag: Chlodwig blieb bei seiner Religion, und das Kind mit Namen Ingomer starb noch im Taufkleid. Chlodwigs Folgerung war: „Wäre der Junge im Namen meiner Götter geweiht worden, würde er noch leben." Bei der Taufe des zweiten Sohnes, Chlodomer, rund zwei Jahre später drohte sich der Fehlschlag zu wiederholen, doch Chlodomer erholte sich von seiner lebensbedrohlichen Erkrankung, was Chrodechilde auf die Hilfe des christlichen Gottes zurückführen konnte.

Chlodwig war damit immer noch nicht überzeugt, aber dafür war der Kronprinz getauft und Anhänger der katholischen Konfession. Folgt man der Dramatik bei Gregor von Tours, bedurfte es einer weiteren Steigerung, und diese stellte die erwähnte Alamannenschlacht dar, die kurz nach der Taufe Chlodomers stattgefunden haben muss. Auch sie ist nicht auf das Jahr datierbar, und die laut Gregor folgende Taufe ist es ebenso wenig: Insofern ist „um 500" eine brauchbare Datierung. Der Niederlage gegen die Alamannen nahe habe Chlodwig jedenfalls „Jesus Christus, von dem Chrodechilde predigt, er sei der Sohn des lebendigen Gottes", um Hilfe angefleht, wie Gregor von Tours Jahrzehnte später berichtet. Seine letzte Hoffnung setzte Chlodwig somit auf den christlichen Gott, nachdem ihn die bisher von ihm verehrten Götter im Stich gelassen hatten – aus heutiger Sicht eine eher befremdliche Denkweise, die jedoch genau der damaligen Debatte darum entsprach, welcher Gott oder welche

Bischof Remigius von Reims unterrichtet Chlodwig und Chrodechilde; Ausschnitt aus einem flämischen Bildteppich, um 1523/31.

Götter die größere militärische und politische Potenz hätten. Ähnlichkeiten zur Geschichte Kaiser Konstantins sind sicher nicht zufällig: Auch in Konstantins Geschichte der Zuwendung zum Christentum spielt eine Schlacht eine entscheidende Rolle, und zwar die an der Milvischen Brücke im Jahr 312.

Chlodwig, so Gregor weiter, erstattete umgehend Chrodechilde Bericht, die nun ihrerseits die Entscheidung ihres Mannes dadurch absicherte, dass sie Bischof Remigius von Reims bat, Chlodwig Unterricht im Christentum zu geben. Der König durchlief also den üblichen Taufunterricht, wenngleich im Schnelldurchgang, und er erwies sich sofort als treuer Sohn der Kirche, der zum Vorbild für die fränkische Führungsschicht wurde: Wie ihr König schwor sie den alten Göttern ab und ließ sich taufen. Der Wandel war radikal, zumindest in der Sicht des Gregor von Tours, denn Chlodwig sollte dem folgen, wozu Bischof Remigius ihn bei der Taufe aufforderte: „Bete an, was Du verbrannt hast, und verbrenne, was Du angebetet hast." Für Remigius (oder für den Berichterstatter Gregor von Tours) wurde Chlodwig durch seine Taufe ein neuer Konstantin. Chrodechilde hatte damit ihr politisches und privates Ziel erreicht: Die Franken würden Christen werden, und zwar katholische. Das aber dürfte auch in der Oberschicht langsamer vonstattengegangen sein, als es Gregor von Tours berichtet.

Das Frankenreich entsteht auf dem Boden der Kirche

Innerhalb weniger Jahrzehnte waren Chlodwig und die fränkische Herrenschicht zu Erben der römischen Kultur geworden: Sie fanden eine „gallorömische" Bevölkerung vor, die seit Jahrhunderten unter römischem Einfluss gestanden und sich diesem anverwandelt hatte, ohne freilich eigene kulturelle Prägungen gänzlich aufzugeben. Sie konnten Institutionen übernehmen, die bereits bestanden, und auch die lateinische Sprache, die sie nicht durch ihren germanischen Dialekt ersetzten, doch immerhin um viele Worte ergänzten. Das Ergebnis war ein rustikaler werdendes Latein, aus dem sich über viele Jahrhunderte das Französische entwickeln sollte.

Die stabilsten Institutionen stellten die Bischofssitze dar, die zur Zeit Chlodwigs eine hohe Dichte und eine teilweise schon lange Geschichte hatten. Mit einem Bischof

Gregor von Tours

Gregor von Tours wurde 538 oder 539 in eine Familie hineingeboren, die sich aufgrund ihrer langen Tradition als römisch verstehen konnte und durch die Übernahme Galliens durch die Franken in eine neue Anpassungssituation geriet. Zu Gregors Vorfahren gehörten, wie er selbst betont, etliche Angehörige der Oberschicht und auch Bischöfe, und so schließt sein Geschichtswerk mit einer Liste der Bischöfe von Tours. Insofern ist er nicht nur Chronist, sondern zugleich Beteiligter der Transformationsprozesse von der römischen zur fränkischen Herrschaft. Im Jahr 573 wurde er Bischof von Tours, 594 starb er dort. Mit seinem Geschichtswerk, den *Zehn Büchern Geschichte* (*Decem libri historiarum*), ist Gregor die Hauptquelle für die Frühzeit des Frankenreiches. Ab den Ereignissen des fünften Buches schrieb er als Zeitgenosse, für frühere Ereignisse griff er auf Quellen zurück. Dennoch geht die oft gebrauchte Bezeichnung „Historia Francorum" fehl: Gregor verfasste sein Werk nämlich im Stil einer Weltchronik, die mit Adam und Eva beginnt. Faktisch aber geht es dem ersten Satz nach dann doch um den Kampf der Könige mit den feindlichen Völkern, den Kampf der Märtyrer mit den Heiden und den Kampf der Kirche mit den Ketzern. Auf dieses Programm folgte unmittelbar Gregors Bekenntnis zu dem dreieinigen Gott, das er am Beginn des dritten Buches wiederholte. Welche besondere Rolle für Gregor die Heiligen spielten, zeigen seine Martinsverehrung und seine kleineren Werke über andere regionale Größen.

ist in fast allen der über 100 gallischen Römerstädte zu rechnen. Die Besetzung der Bistümer ließ Chlodwig unangetastet – hier stand ihm eine zwar traditionsbewusste, aber anpassungsfähige Elite zur Verfügung, die zugleich ein Bollwerk gegen die arianischen Westgoten bildete, die zu Beginn der Herrschaft Chlodwigs südlich der

Gregor von Tours, kolorierter Kupferstich von F. J. Dequevauviller nach Louis Boulanger, 1844

Loire die Macht hatten. Besetzt wurden die Bistümer zumeist von Angehörigen der gallorömischen Oberschicht, die in den alten Römerstädten noch lange das Sagen hatten. Sie hatten bereits in der Spätphase des römischen Imperiums gelernt, sich von der Herrschaft des Kaisers oder der Provinzverwaltung zu emanzipieren. Sie hatten außerdem bei Weitem nicht nur religiöse Funktionen, sondern seit Kaiser Konstantin auch administrative und rechtliche: Faktisch waren sie die Stadtoberhäupter.

Das Paradebeispiel für diese Schicht ist ebenjener Historiker, dem wir die meisten Informationen über die Frühzeit des Frankenreiches verdanken: Gregor von Tours. Er konnte sich noch ganz in römischer Tradition sehen, als hätte es keinen geschichtlichen Bruch durch die Herrschaftsübernahme der Franken gegeben. Dafür stand in Gregors Sicht nicht zuletzt die formell weiterhin bestehende Oberherrschaft des Kaisers in Konstantinopel über die Frankenkönige. Sichtbar wird ein solcher Bruch aber durchaus in Gregors Darstellung der barbarischer gewordenen Herrschaftsausübung, die unter anderem mit der Teilung des Frankenreiches und den Kämpfen der Könige gegeneinander zu tun hatte. Sichtbar wird ein Bruch ebenfalls in der Einleitung zu Gregors Geschichtswerk, in dem er, durchaus selbstkritisch, den Verfall von Kultur und Sprache beklagt. Andererseits stand Gregor in enger Verbindung zu Venantius Fortunatus, den man gern als letzten Dichter der römischen Antike bezeichnet hat.

Seit die römische Provinzverwaltung zu Beginn des 5. Jahrhunderts von Trier in das sicherere Arles verlegt worden war, hatte der dortige Bischof vom römischen Bischof Zosimus eine Art erzbischöflicher Stellung verliehen bekommen, die seine Nachfolger jedoch bald wieder verloren. Mit dem Zerfall der römischen Herrschaft fand die ganz Gallien, also faktisch das spätere Frankreich umfassende Kirchenorganisation ohnehin vorerst ein Ende. Teile Südgalliens waren in westgotischem und ostgotischem

Chlodwig überschreitet, von einem weißen Hirsch geführt, die Loire; Ausschnitt aus einem Bildteppich, um 1440.

Besitz und in der Hand des Burgunderreiches. Arles wurde erst 536 Teil des Frankenreiches, und zu dieser Zeit hatten ihm schon andere Bischofssitze den Rang abgelaufen, die dem weiter im Norden liegenden Zentrum der Macht näher waren. Allerdings wird in Bischof Caesarius von Arles in dieser Zeit ein Vertreter des Amtes sichtbar, der weit über seine Stadt hinaus ausstrahlte.

Chlodwig hatte unterdessen die Kirchenorganisation seines Reiches von den Zentren seiner expandierenden Herrschaft her aufgebaut: Hatte seine Taufe in Reims stattgefunden, so bildete die fränkische Reichssynode in Orléans 511 den nächsten Kristallisationspunkt. Bei dieser Veranstaltung kam erstmals zur Darstellung, was später als fränkische Landeskirche oder Reichskirche bezeichnet wurde. Orléans, an der Loire gelegen, war nun die geografische Mitte des Frankenreiches, nachdem Chlodwig kurz zuvor, im Jahr 507, über die Loire nach Süden vorgedrungen war. Dieser Feldzug war, jedenfalls laut Gregor von Tours, zugleich ein Krieg gegen den Arianismus gewesen. Erst jetzt kamen die Franken in Kontakt mit den eigentlichen Zentren des gallorömischen Adels, während die römische Kulturprägung im Norden weniger ausgeprägt war. Im Süden des heutigen Frankreichs hatten die Franken mithin weniger direkten Einfluss als im Norden und Osten ihres Herrschaftsgebiets, bis in die später deutschen Gebiete hinein.

Die fränkische Synode von 511 war von Chlodwig persönlich einberufen worden und die Bischöfe ließen sich ihre Beschlüsse auch von ihm bestätigen. Er war nicht der einzige germanische König, der damit wie die römischen Kaiser des 4. und 5. Jahrhunderts agierte. 32 Bischöfe waren auf der Synode des Jahres 511 versammelt, wobei es sich nicht zuletzt um eine Vereinigungssynode zwischen fränkischen und bis dahin noch westgotischen Bischöfen handelte. Einer der Beschlüsse der Synode regelte darum unter anderem den Übergang von arianischen Geistlichen in die katholische fränkische Kirche. Die Synode konnte teilweise auf Beschlüsse zurückgreifen, die fünf Jahre zuvor auf einer westgotischen Bischofsversammlung im südfranzösischen Agde gefasst worden waren. Die Westgoten hatten also, genauso wie die Burgunder, ebenfalls ein Interesse daran, die Bischöfe in ihr Herrschaftssystem einzubeziehen.

Auf der Synode von Orléans ging es um ganz verschiedene, offensichtlich aktuelle Themen. Ganz vorne stand die Befestigung des kirchlichen Asylrechts, das auch für Sklaven gelten sollte. Die Synode befasste sich mithin nicht nur mit kirchenrechtlichen Fragen im engeren Sinne, sondern außerdem mit dem Verhältnis kirchlicher und weltlicher Institutionen und Rechtsordnungen. So war das Thema eigentlich weniger das Asylrecht an sich als vielmehr die Frage, wie diejenigen, die in einer Kirche Zuflucht gesucht hatten, wieder in die weltliche Rechtssphäre überführt werden konnten: Die Zufluchtnahme in einer Kirche hatte lediglich strafmildernde Folgen. Entscheidender für die Stellung der Kirche waren hingegen Beschlüsse, die der Stärkung der Macht der Bischöfe dienten. Sie bekamen, wie es bereits das Konzil von Chalkedon im Jahre 451 geregelt hatte, die Oberaufsicht über das ganze Kirchenwesen in ihren Diözesen, und das betraf ebenso die Kirchen, die von fränkischen Grundbesitzern erbaut und mit Priestern besetzt worden waren. Dieses „Eigenkirchenwesen" hatte schon antike Traditionen, da auch römische Grundherren Kirchen und Klöster auf ihren Besitzungen gestiftet und damit ein Patronatsrecht ausgeübt hatten. Ganz selbstverständlich erwähnen die Beschlüsse der Synode im Übrigen Kinder und Witwen von Geistlichen.

Nicht nur das Christentum als Religion, sondern desgleichen die Organisation der Kirche stellte für Chlodwig (wie im Übrigen bereits für Konstantin) also eine Zukunftsoption dar. Mit den Franken allein war kein Staat zu machen. Über den Bischöfen aber stand der König, und das wurde von Chlodwig wie von seinen Nachfolgern immer wieder betont, mit weitreichenden Folgen für das Mittelalter: Die Bischöfe wurden zu Gewährsmännern des Königs, die seine Herrschaft stützten oder wenigstens stützen sollten. Und so wuchs dem König auch ein Mitspracherecht bei der Besetzung der Bistümer zu. Erst allmählich bekamen die Priester auf dem Lande durch den Ausbau der Kirchenorganisation je nach Ausstattung ihrer Kirche mit Besitz einen höheren Status. Der Bischof konnte schlichtweg nicht mehr jede Amtshandlung selbst vollziehen, und die Dorfpfarrer konnten nicht mehr in dauerhaftem direktem Kontakt zu ihrem Bischof stehen. Manche Priester schlossen sich zu Lebensgemeinschaften zusammen und lebten nach einer Regel.

Mission nach außen und nach innen

Was das Gebiet des späteren Deutschlands angeht, so lagen die Römerstädte an Rhein und Mosel, die ein erster Vorposten fränkischer Herrschaft gewesen waren, durch die Expansion der Macht Chlodwigs in Richtung Süden lange in einer Randzone seines Reiches. An der Synode von Orléans nahm kein Bischof aus diesen Städten teil. Erst auf einer 614 in Paris tagenden Synode für das fränkische Gesamtreich waren Bischöfe aus Speyer, Worms und Straßburg unter den Teilnehmern. Die Besetzung der Bistümer von Köln, Mainz, Trier, Worms, Speyer und Straßburg war den Bischofslisten zufolge ohnehin eher lückenhaft. Zwar wurden diese Verzeichnisse später gern aufgefüllt, doch die ergänzten Namen verweisen nicht unbedingt auf historische Personen oder auf Männer, die wirklich Bischöfe waren. Auch an Rhein und Mosel hatten zuerst Angehörige des gallorömischen Adels die Bistümer inne, bis später Franken zu Bischöfen geweiht wurden. Über den Rhein hinaus nach Osten dehnte sich die Kirchenorganisation im 6. Jahrhundert noch

nicht aus, obwohl sich Chlodwigs Herrschaft durch die Vereinnahmung des Reiches der Rheinfranken bis in den Bereich des heutigen Hessen ausweitete. Für einen Einblick in die dortigen Verhältnisse fehlt es aber schlichtweg an Quellen: Fränkische Chronisten wie Gregor von Tours interessierten sich nicht für diese abgelegenen Regionen, in denen es keine Städte gab.

Behält man das spätere Deutschland jenseits der fränkisch gewordenen Gebiete im Auge, zeigt sich auch hier, dass sich nur in den alten römischen Gebieten eine Christianisierung vollzog. Durch die Einverleibung des Reiches der Thüringer dehnte sich der fränkische Einflussbereich zwar in Richtung des mittleren

Reich Chlodomers
Reich Childeberts I.
Reich Chlothars I.
Reich Theuderichs I.
Kgr. der Burgunder
✝ bedeutende Bischofssitze

Die Teilung des Frankenreiches

Was die fränkische Geschichte kompliziert macht, ist vor allem die Aufteilung des Reiches an die Söhne Chlodwigs: Theuderich, Chlodomer, Childebert und Chlothar. Dadurch amtierten jeweils mehrere Könige nebeneinander. Dies hatte durchaus antike Vorläufer, denn auch die römischen Kaiser Konstantin und Theodosius hatten im 4. Jahrhundert das Imperium unter ihren Söhnen aufgeteilt. In Chlothars Hand wurde das Reich später noch einmal eine Einheit, bevor es wieder geteilt wurde, diesmal in drei Teile: Austrien, Neustrien und Burgund. In der weiteren Entwicklung schwächte sich die Königsherrschaft immer weiter ab, und die Macht ging an den jeweiligen Hausmeier (Majordomus) über. Dieses Amt zog immer mehr Kom-

petenzen an sich, so dass es im späten 7. Jahrhundert die Königsmacht überflügelte. Diese Entwicklung ebnete dem Geschlecht der Karolinger den Weg. Für die kirchliche Entwicklung bedeutete die Teilung des Frankenreiches einen Rückschlag. Die Synode von Orléans im Jahr 511 hatte die Einheit des Reiches und seiner Kirche verkörpert. Dies konnte aber weiterhin nur zur Darstellung kommen, wenn das Reich geeint oder die Könige sich einig waren. Da das nicht immer der Fall war, tagten Synoden auch in einzelnen Teilreichen oder auf regionaler Ebene. Trotz der Fragmentierung des Reiches war damit eine gewisse Koordination und Kooperation der Bischöfe möglich und dadurch die Entwicklung gemeinsamer Rechts- und Ordnungsvorstellungen im Blick auf das öffentliche und kirchliche Leben.

Ostsee

Nordsee

Friesen

Sachsen

Bretonen

Sachsen

Thüringer

Rhein

Thérouanne
Tournai
Köln
Tongern
Cambrai
Soissons
Trier
Mainz
Rouen
Worms
Coutances
Bayeux
Reims
Metz
Speyer
Paris
Toul
Bretagne
Rennes
Sens
Straßburg
Quimper
Le Mans
Alamannen
Vannes
Orléans
Langres
Loire
Dijon
Basel
Bayern
Tours
Bourges
Autun
Besançon
Avenches
Donau
Poitiers
Atlantischer
Ozean
Limoges
Genf
Sion
REICH DER
OSTGOTEN
Angoulême
Clermont
Lyon
Bordeaux
Périgueux
Vienne
Po
Bazas
Valence
Cahors
Javols
Rhône
Gap
Rodez
Gascogne
Auch
Albi
Digne
Oloron
Toulouse
Nizza
Tarbes
Couserans
Narbonne
Provence
Arles
SPANISCHES
WESTGOTENREICH
Marseille
Ebro
Korsika
Rom
Mittelmeer
Sardinien
Balearen
Sizilien

0   100   200   300 km

Childebert teilt sich nach Chlodwigs Tod 511 das Reich mit seinen Brüdern Theuderich, Chlodomer und Chlothar;
Farblithografie, Frankreich, um 1890.

Laufes der Elbe aus, doch spielte das Christentum dabei keine Rolle. Anders war es in den süddeutschen Gebieten, die hinter der Limes- und Donaugrenze gelegen hatten und nun von Alamannen und Bayern beherrscht wurden, wobei die Alamannen bald von den Franken beerbt wurden. Das Bistum Straßburg, im alamannischen Einflussgebiet gelegen, gab es schon seit dem 4. Jahrhundert. Weiter im Osten an der Donau hatten sich die Bayern etabliert, die im 6. Jahrhundert unter fränkischen Einfluss gerieten, später aber auch mit den Langobarden paktierten, die in Italien das Erbe der Ostgoten angetreten hatten. Hier waren Augsburg und Regensburg sowie weitere Städte an der Donau die Vorposten für das Christentum.

Von den alten römischen und nun fränkischen Bistümern am Rhein sind zu dieser Zeit immerhin vereinzelte Impulse in das rechtsrheinische Gebiet ausgegangen, zum Teil mit königlicher Unterstützung. Allerdings ist schwer zu ermessen, welche Wirkung das hatte. Von Chlodwigs Sohn Theuderich, der nach Chlodwigs Tod und der folgenden Reichsteilung für das ehemals rheinfränkische Gebiet zuständig war, ist durch Gregor von Tours in seinen *Vitae patrum*, einer Sammlung von Heiligenlegenden, zumindest eine Missionsaktion bezeugt,

mit der er in den 520er-Jahren den Geistlichen Gallus beauftragte (der nicht mit
dem berühmten Heiligen Gallus identisch
ist). Gallus brannte in Köln ein heidni-
sches Heiligtum nieder, und als die dort
ihren Kult praktizierenden Einwohner das
Feuer sahen, verfolgten sie den Brandstif-
ter, der sich aber im königlichen Amts-
gebäude (der *Aula regia*) in Sicherheit
bringen konnte. Gallus handelte bei dieser
Aktion im Übrigen nicht anders als Martin, der in einem Dorf in der Nähe von
Tours einen Tempel zerstörte und damit
den christlichen Gott als den mächtige-
ren erwies: Die wie gelähmt dastehenden
Landbewohner, so Sulpicius Severus in
seiner Lebensbeschreibung (der Vita) des
Heiligen Martin, bekannten sich nun zum
„Gott Martins". Mission war in diesem
Sinne der Erweis der Macht des stärkeren
Gottes.

Eine weitere Initiative König Theuderichs betraf Trier, dessen Klerus er um
Männer aus Clermont in der Auvergne
ergänzte. Auch in diesem Zusammenhang spielte Gallus eine wichtige Rolle,
allerdings kam es nicht zu seiner von der
Trierer Geistlichkeit geplanten Einsetzung
als Bischof, sondern ein gewisser Nicetius,
der ebenfalls aus dem südlichen Gallien
stammte, erhielt das Amt. Die Geistlichkeit an der östlichen Außengrenze des
Frankenreiches wurde also durch Kräfte verstärkt, die
aus dem gallorömischen Zentrum kamen. Damit sollte
die Bischofstradition am Ort, die für das 4. Jahrhundert
dicht belegt ist, wiederbelebt werden und Trier als Stadt
erneut eine starke Stellung bekommen.

Trier hatte zur Zeit der Auseinandersetzung um den
Arianismus im 4. Jahrhundert treu zur „katholischen"
Seite gestanden. Der Vorkämpfer dieser Partei, Bischof
Athanasius von Alexandrien, hatte sich von 335 bis 337
hier aufgehalten – wider Willen allerdings, denn er war
im Zuge der Kontroversen um den Arianismus hierhin
verbannt worden. Der zu dieser Zeit amtierende Trierer Bischof Maximinus, der Athanasius aufnahm, war

Der heilige Bischof Nicetius von Trier, Egbert-Psalter

seinerseits ein Vorkämpfer der „katholischen" Sache.
Auch sonst war Maximinus ein tatkräftiger Bischof: Er
ergriff erste Initiativen zur Missionierung der ländlichen
Regionen. Dass die (erst in fränkischer Zeit verfasste)
Lebensbeschreibung des Maximinus ihn aus Aquitanien
stammen lässt, zeigt, dass er tatsächlich wie Nicetius ein
„Import" aus dem Zentrum Galliens war oder man solche Verbindungen für typisch hielt. Nicetius selbst war
in einem Kloster aufgewachsen und tat sich in Trier als
sittenstrenger Prediger hervor, der selbst den Konflikt
mit den Herrschenden nicht scheute, wofür er dann von

Theuderichs Nachfolger Chlothar ins Exil geschickt wurde. Für Gregor war er ein Wunder- und nicht zuletzt ein Wohltäter sowie ein Vorbild in der Askese, vor allem im Fasten. Nicetius baute zudem die „alten Tempel Gottes" wieder auf, wie der zeitgenössische Dichter Venantius Fortunatus bezeugt – nicht die heidnischen natürlich, sondern Kirchen und darunter sicher auch den Dom, den Maxentius einmal errichtet oder wenigstens ausgebaut hatte. Auf Nicetius folgte um 566/69 Magnerich, den man des Namens wegen für den ersten Franken auf dem Trierer Bischofsstuhl hält.

Wenngleich König Theuderich nun zwar offensichtlich eine Religionspolitik betrieb, die dem Christentum zugutekam und traditionelle „heidnische" Kulte dafür schädigte, kann von einer organisierten Mission im Gebiet östlich des Rheins im 6. Jahrhundert noch keine Rede sein. Spuren einer Kirchenorganisation sind nicht erkennbar, und wie das Christentum praktiziert und verstanden wurde (außer als Gegensatz zu den traditionellen Kulten), ist kaum zu ermessen. Schwer zu interpretieren ist auch der archäologische Befund in der Grenzzone am Rhein: In Bad Kreuznach ist eine kleine Kirche als Einbau in das ehemalige römische Kastell nachweisbar. Sammelten sich hier die Reste der christlichen Gemeinde und waren dies ehemalige Römer oder schon Franken, die die Stadt erobert hatten? Archäo-

Das Kloster Marmoutier bei Tours wurde im 4. Jahrhundert von Martin von Tours gegründet. Das hier zu sehende Portal stammt aus dem 13. Jahrhundert.

logische Kleinfunde sind ebenfalls schwer zu deuten, doch dies gilt bereits für die Antike: Symbole können vorschnell als christlich gedeutet werden und dann geradezu als ein Bekenntnis zum Christentum. Ob aber ein Mensch, der unter seinen Grabbeigaben ein christliches Symbol hatte, selbst ein Christ war oder einen Christen erschlagen und ihm das Symbol als Beute abgenommen hatte, lässt sich kaum entscheiden. Lange hatte man die Anlage von Gräberfeldern in Reihen wegen der damit verbundenen Ganzkörperbestattung statt der „heidnischen" Verbrennung und der West-Ost-Ausrichtung der Gräber als typisch christlich zu interpretieren versucht. Die Ganzkörperbestattung hatte sich jedoch in der Spätantike durchaus ohne christlichen Einfluss durchgesetzt, und auch für die Ausrichtung in Richtung Sonnenaufgang gibt es ältere nichtchristliche Zeugnisse.

Immer wieder und gerade in den letzten Jahren und Jahrzehnten ist moniert worden, eine Verchristlichung, zumal in ethischer Hinsicht, lasse sich für diese Phase des Frankenreiches überhaupt nicht oder nur ansatzweise ausmachen. Vielmehr sei eine „Archaisierung", „Barbarisierung" oder, im englischsprachigen Raum, „Germanisierung" des Christentums festzustellen. Oft wird erst die Zeit Karls des Großen als diejenige anerkannt, in der das Christentum auch die Gesellschaft, die Politik, das Recht und die Kultur bestimmt und verändert habe. Freilich war das Christentum schon in der Zeit der Antike keine Kraft, die alles verwandelt hätte. Die Herrscher blieben den Versuchungen der Herrschaftsausübung ausgesetzt, die Menschen den Versuchungen des Alltags, und die Strukturen blieben im Wesentlichen die gleichen. Moralische Kategorien nach neuzeitlichen Maßstäben sind zur Beurteilung der Lage aber ohnehin wenig hilfreich. Das Eherecht folgte den politischen und gesellschaftlichen Notwendigkeiten und nicht „christlichen" Vorstellungen, die sich überdies häufig nicht vor dem 19. Jahrhundert entwickelten. Neben der Ehefrau eine oder mehrere Nebenfrauen zu haben, war in der fränkischen Frühzeit die Regel, trotz der durchaus vorhandenen Kritik christlicher Autoren. Scheidungen waren, besonders von Männern, einfach zu bewerkstelligen. Die Sklaverei blieb unangetastet, allerdings gab es aus kirchlichen Kreisen Bemühungen, das Los der Sklavinnen und Sklaven zu bessern und sie vor Willkür zu schützen. Das Kirchenasyl gab Sklaven immerhin die Möglichkeit, sich Gehör zu verschaffen.

Streitaxt und Schwert blieben trotz der zunehmenden Christianisierung übliche Mittel, um Nachfolgefragen oder andere familiäre Streitfälle zu erledigen, und sie wurden nicht nur von den männlichen Familienmitgliedern benutzt. Alkohol und Jähzorn machten aus eigentlich kompromissbereiten Menschen Mörder. Darüber berichtet Gregor von Tours ausführlich, jedoch mag ihn dabei auch das Erstaunen über die Mentalität der fränkischen Emporkömmlinge geleitet haben. So lässt sich etwa sein Bericht über die Schandtaten des Bischofs Badigisel von Le Mans lesen, der nicht mehr zum gallorömischen Adel gehörte und eine Gewaltherrschaft errichtete, zu der er sogar noch durch seine Frau angestachelt wurde.

Ändern konnte sich ohnehin erst etwas, als sich die Bevölkerung mehr und mehr dem Christentum anschloss – ein Prozess, der im Frankenreich lange dauern sollte, denn keineswegs folgte der Taufe Chlodwigs die Taufe des ganzen Volkes. Traditionelle Vorstellungen blieben noch lange Zeit lebendig und bestimmten das Leben. Es waren die Geistlichkeit und die Nonnen und Mönche, von denen man ein vorbildliches Leben erwartete, in moralischer Hinsicht und ebenso in Form von Gewaltverzicht. Das Zentrum der Klöster aber lag in Tours und im Süden, in der Gegend der Rhonemündung. Von hier aus strahlte das klösterliche Leben aus bis an den Rhein und darüber hinaus.

Andererseits sollte man sich die Geschichte des Christentums auch westlich des Rheins, in Gallien, nicht als unausweichliche Erfolgsgeschichte vorstellen. Wenn Gregor von Tours über seinen Zeitgenossen Chilperich I., König eines Gebietes zwischen Loire und Somme, berichtete, dieser habe sich über die Bischöfe beklagt, weil sie die Herrschaft in Händen hätten und reich seien, wollte er Chilperich, den er einen „Nero unserer Zeit" nannte, sicherlich herabsetzen. Allerdings zeigt die Äußerung, dass die Städte mit ihrer romanischen Bevölkerung, den alten Familien und den daraus hervorgehenden kirchlichen Funktionsträgern immer noch nicht mit der fränkischen Herrschaftsausübung verschmolzen waren und dass die Bischöfe einen erheblichen Zuwachs an Eigentum und Einfluss für sich verbuchen konnten. Und selbst wenn die Macht dieser alten Strukturen allmählich abgebaut wurde, blieben die Bischöfe doch ein eigener Stand mit eigenen Befugnissen wie der Klerus insgesamt, der seine Sonderrechte zu

Caesarius von Arles

Caesarius, Bischof von Arles von 502 bis 542, ist nur indirekt mit den hier dargestellten Ereignissen verwoben. Doch ist er die Bischofsgestalt, über deren Wirken im Gallien dieser Zeit am meisten bekannt ist und der insofern mit gewisser Vorsicht als Muster für das Wirken von Bischöfen betrachtet werden kann. Caesarius war freilich in einer besonders herausgehobenen Position, da er Bischof der ehemaligen römischen Provinzhauptstadt Arles war. Die Stadt spielte auch weiterhin eine große Rolle, unter wechselnder Herrschaft allerdings, denn sie fiel von den Römern an die Westgoten, dann an die Ostgoten und schließlich an die Franken. Das brachte für Caesarius politische Verwicklungen und zeitweise sogar Vertreibungen aus dem Bischofsamt mit sich. Caesarius war durch die in den südgallischen Klöstern beheimatete Askese geprägt: Er verfasste selbst Klosterregeln und gründete ein Frauenkloster, das er seiner Schwester Caesaria unterstellte. Caesarius war nicht nur selbst ein sehr aktiver Prediger, sondern er regte ebenso andere an, zu predigen, vor allem die Presbyter, die „Priester" also: ein Beitrag zur Christianisierung des Landes. Damit wurde die Predigt als Medium der Mission gestärkt. Die schon kurz nach seinem Tod auf die Bitte seiner Schwester hin verfasste Vita beschreibt eindrücklich, wie Caesarius sich der Predigt wie ein Arzt bediente und das jeweils richtige Medikament zur Besserung fand. Die Predigten des Caesarius sind aber auch wichtige Quellen für das kirchliche Leben seiner Zeit.

befestigen versuchte. Die Christianisierung des Landes, auf dem ja die große Masse der Menschen lebte, war ein ganz anderes Thema, und erst im Laufe der Zeit führte sie zum Erfolg. Für stärkere Missionsaktivitäten sorgten König Chlothar II. und sein Sohn Dagobert I., die von 613 bis 638 als Herrscher des fränkischen Gesamtreiches mit Sitz in Paris amtierten. Die sogenannte Fredegar-Chronik, die etwa in dieser Zeit verfasst wurde, stellt Chlothar II. das Zeugnis eines untadeligen gottesfürchtigen Herrschers aus, der sich um die Armen kümmerte und die Kirchen beschenkte. Er förderte die Mission des aus Irland kommenden Columban, von dem noch zu berichten sein wird. Der Sohn Dagobert zog wegen seines Zugriffs auf Kirchenvermögen die Kritik der Fredegar-Chronik auf sich, andererseits unterhielt er gute Beziehungen zu den Bischöfen Arnulf von Metz und Kunibert von Köln, der seinerseits die Mission förderte, nicht nur im fränkischen Gebiet östlich des Rheins, sondern auch in Friesland und Sachsen.

Zeitgleich aber erlebte das Frankenreich eine Phase rapiden kulturellen Niedergangs – die Fredegar-Chronik war für längere Zeit das letzte respektable Werk – und des allmählichen Machtübergangs an die fränkischen Hausmeier, die die administrativen und politischen Geschicke in die Hand nahmen. Rund 100 Jahre später sollte auf diesem Wege die Macht an die Karolinger fallen – allerdings ist dies die Sichtweise der Quellen aus der Zeit der Karolinger, die damit den Machtübergang legitimieren wollten. Doch erst mit der Herrschaft der Karolinger wurden Chlodwigs religiöse Entscheidung und die von ihm begonnene territoriale Expansion nachhaltig gesichert, wodurch er eine Gestalt der europäischen oder wenigstens zentraleuropäischen Geschichte wurde – „Chlodwig" für die Deutschen, „Clovis" für die Franzosen. Durch ihn und seine Nachfolger entstand zuerst auf dem Boden des römischen Galliens und dann östlich des Rheins ein politisches Gebilde, das eine gemeinsame Kultur unter Einschluss des Christentums entwickeln konnte.

Durch Chlodwigs Taufe war der Weg Europas zum „Katholizismus" gewiesen, den im Jahr 587 auch der Westgotenkönig Rekkared beschritt, indem er vom arianischen Glauben zum katholischen übertrat. Dies war wiederum keine private Entscheidung, sondern ein Signal nach innen: Die ansässigen und teilweise katholisch gebliebenen Romanen in Spanien teilten nun das Bekenntnis des Königs, und dieser konnte sich seinerseits wie Chlodwig als Herrscher mit kirchlicher Unterstützung und religiöser Legitimation in Szene setzen – so im Jahr 589 auf einer Synode in Toledo, auf der schließlich die Bischöfe und Adligen ebenfalls zum Katholizismus übertraten. Von den versammelten Bischöfen wurde Rekkared zugeschrieben, er habe sich durch die Einberufung der Versammlung ein „apostolisches Verdienst" erworben. Damit wurde zum einen das Bekenntnis zur Lehre von der Dreieinigkeit Gottes und der ewigen Existenz des Sohnes Gottes mit Gott dem Vater abgelegt und zum anderen Rekkared als frommer Herrscher anerkannt.

Rekkared konvertiert zum katholischen Glauben.

Von den Heiligen lernen heißt Christentum lernen

Die Verehrung von Frauen und Männern, die als heilig angesehen wurden, weil sie das Martyrium erlitten hatten, weil sie Bischöfe waren oder weil ihnen Wunder zugeschrieben wurden, stellte das Mittel und das Fundament für die Ausbreitung und Festigung des Christentums dar, nicht allein in Gallien und im späteren Deutschland. Lokale Traditionen, wie sie in Augsburg oder dem späteren Xanten zu Hause waren, sind im ersten Kapitel bereits erwähnt worden, allerdings stammen viele dieser Traditionen erst aus späterer mittelalterlicher Zeit und enthielten nur Rückprojektionen in die Zeit der Spätantike und des Frühmittelalters. Zu diesen zählt auch die Legende von der Heiligen Ursula und den 11 000 Jungfrauen, die zwar im 4. Jahrhundert angesiedelt, aber vor dem 9. Jahrhundert gar nicht bezeugt ist. Desgleichen ist die „Thebaische Legion", deren sämtliche Soldaten im Rheinland um das Jahr 300 das Martyrium erlitten haben sollen, ein Produkt der Legende im ursprünglichen Sinne des Begriffs: das, was vorgelesen werden und sich dadurch einprägen sollte. Bezeugt ist diese Legende zwar schon im 5. Jahrhundert, doch liegt ihr historischer Kern im Dunkeln, denn eine Thebaische, das heißt aus der ägyptischen Landschaft Thebais stammende Legion hat es nie gegeben, und genauso wenig kann es eine Legion gegeben haben, die ganz aus Christen bestand. In Legenden wie jener von der Thebaischen Legion könnte allerdings insofern ein historischer Kern stecken, als sie die Leidenserfahrung der spätantiken Bevölkerung, zumal der von Frauen, bewahren. Die Überfälle der Hunnen und ebenso die Etablierung der Herrschaft der Franken beinhalteten ja massive Gewaltakte.

Bedeutsam war der Begriff „Legion" nicht nur wegen der hohen Zahl der angeblichen Opfer (die Mannstärke der Legion soll, wie üblich, rund 6000 betragen haben), sondern weil er Anknüpfungspunkte für viele Einzellegenden bot. Der prominenteste Ort der Legende ist St. Moritz (benannt nach dem Anführer der Legion, Mauritius), auf später deutschem Boden sind es Bonn (Florentius, Cassius und Mallosus), Köln (Gereon) und Trier (Thyrsus). In Köln bildete die Verehrung des Heiligen Gereon einen Kristallisationspunkt für einen Neubeginn kirchlichen Lebens. Ein Gebäude, das möglicherweise schon im 4. Jahrhundert als Kirche genutzt und auf einem Friedhof über einem Grab errichtet worden war, wurde im Frühmittelalter ihm geweiht. Wann dies geschah, lässt sich allerdings nicht sagen. Gregor von Tours kennt um das Jahr 600 zwar die prachtvolle Kirche in Köln, nennt sie aber nicht St. Gereon, sondern „Die Kirche der goldenen Heiligen", da hier 50 Angehörige der Thebaischen Legion verehrt würden. Wahrscheinlich wurde die Verehrung der Märtyrer der Thebaischen Legion sowie die Gereons durch den Kölner Bischof Eberigisel (der fränkische Name ist ebenfalls in anderen Schreibweisen überliefert) gefördert. Gregor von Tours berichtet an der erwähnten Stelle nämlich, Eberigisel sei durch Staub aus jenem Brunnen in der Kirche, in den man die Märtyrer hineingeworfen hatte, von Kopfschmerzen geheilt worden.

Heutige Ortsnamen verraten noch etwas über die tatsächliche Tätigkeit von Menschen, die später als heilig galten: St. Goar am Rhein verweist auf den um die Mitte des 6. Jahrhunderts dort wirkenden Missionar. Goar kam aus Aquitanien, wie es ja auch bei Bischof Nicetius von Trier der Fall war. Jedoch ist die Überlieferung über ihn stark legendarisch: Die erste Lebensbeschreibung stammt aus dem 8. Jahrhundert und betont dem Stil der Heiligenlegende folgend stark die Wunder des Asketen und Missionars Goar. Auffälligerweise berichtet die Vita von einem Konflikt Goars mit dem Trierer Bischof Rusticus, den Goar aber durch ein Wunder gewann. Die Ruinen des Klosters Disibodenberg bei Bad Kreuznach wiederum erinnern an den dort im 7. Jahrhundert tätigen Disibod. Seine Lebensbeschreibung verfasste die prominenteste Bewohnerin des Klosters, nämlich Hildegard von Bingen, im 12. Jahrhundert. Berühmter als diese beiden ist Gallus, der in den ersten Jahrzehnten des 7. Jahrhunderts missionierte und an den Stadt und Kloster St. Gallen erinnern. Doch auch (jedenfalls heute) Namenlose zogen Verehrung auf sich, wie jene Männer, deren Gräber zur Keimzelle der Stadt Xanten und ihres Domes wurden.

Chlodwig hatte sich die Verehrung der Heiligen seit seiner Taufe zu eigen gemacht, und dafür standen vor allem zwei Personen: Martin von Tours und Genovefa

Der Heilige Gereon mit Gefährten, rechter Flügel des Dreikönigsaltars von Stephan Lochner im Kölner Dom, um 1440

Genovefa von Paris

Noch heute erinnert das Pantheon in Paris an die Verehrung der Heiligen Genovefa: Das Gebäude war im 18. Jahrhundert als Kirche St. Geneviève errichtet, in der Französischen Revolution aber umgewidmet worden. Genovefas Lebensbeschreibung (Vita) wurde 520 verfasst, und zwar auf Anregung der Königin Chrodechilde. Dieser Text diente darum nicht nur der Verehrung der Heiligen, sondern auch der ihrer königlichen Förderer. Selbst Chlodwigs Vater Childerich, der noch kein Christ war, soll ihr Verehrung erwiesen haben. So wie Martin ein „Mann Gottes" (*Vir Dei*) war, wurde sie nun als eine „Dienerin Gottes" (*Famula Dei*) angesehen, die jedoch nicht einfach eine Magd ist, sondern wie der *Vir Dei* eine

besondere göttliche Kraft in sich hat, die sich unter anderem in der Fähigkeit ausdrückt, Wunder zu tun. Genovefa lebte seit ungefähr 450 in Paris. Schon als Jugendliche war sie durch Bischof Germanus von Auxerre zur Asketin und in den Stand der Jungfrauen berufen worden. Im Jahr 451 soll Genovefa die Stadt vor den Hunnen gerettet und in einer Hungersnot durch das Organisieren von Schiffen mit Getreide versorgt haben. Insofern ist sie eine typische Nothelferin der „Völkerwanderungszeit" und zugleich eine Identifikationsfigur für Asketinnen. Durch die Initiative zum Bau der Kirche St. Denis stärkte sie die Verehrung des Stadtpatrons Dionysius. Später, beginnend mit dem 7. Jahrhundert, wurde diese Kirche (beziehungsweise ein Nachfolgerbau) zur Grablege der französischen Könige.

von Paris. In der weiteren fränkischen und dann französischen Geschichte sollten diese beiden zu Schutzpatronen Frankreichs werden. Umso heftiger richtete sich die Wut im Verlauf der Französischen Revolution gegen sie. Gerade die Martinsverehrung hatte sich sehr schnell über das Frankenreich bis zu den Bistümern am Rhein ausgebreitet, weil Chlodwig den Heiligen Martin zu seinem Patron erwählte. Autoren wie Gregor von Tours und Venantius Fortunatus propagierten die Martinsverehrung literarisch. Der Heilige hatte von Anfang an eine hohe Strahlkraft, sei es als Wundertäter oder als Bischof. Dementsprechend wurde das Martinsgrab in Tours reich mit einer Kirche, einem Kloster und anderen Gebäuden ausgestattet. Genovefa wiederum wurde prominent als Nothelferin für die Bevölkerung von Paris und daher besonders hier verehrt. Chlodwig wurde in der Pariser Apostelkirche begraben, die Petrus und Paulus geweiht war, in der schon Genovefa begraben lag und die er selbst hatte erbauen lassen. Eine viel spätere Chronik aus dem 8. Jahrhundert, der *Liber Historiae Francorum*, bringt die Stiftung dieser Kirche in einen Zusammenhang mit dem Krieg gegen das Westgotenreich, für den sich Chlodwig der Unterstützung des Heiligen Petrus habe versichern wollen – dies ist allerdings eher ein Zeugnis

für die Legendarisierung Chlodwigs. Auch Konstantin nämlich war in einer Apostelkirche begraben worden, und Chlodwig könnte demnach als neuer Konstantin angesehen worden sein.

Was der Glaube an die Heiligen konkret beinhaltete, ist mangels Quellen schwer zu ermessen. Offensichtlich wurden sie als Träger göttlicher Kraft, als „Männer Gottes" angesehen. Die Kraft, die in ihnen wirkte, wirkte aber nach Auffassung vieler in ihren Reliquien weiter, die sich darum weithin verbreiteten, wie vor allem die Martinsverehrung zeigt, die materiell gesehen die Verehrung seiner Reliquien ist. Der unmittelbare Bezugspunkt der Reliquienverehrung waren ansonsten die Gräber der Heiligen, an denen Wunder bezeugt wurden, und so schien es auch besonders heilsam, mit dem Grab in Berührung zu kommen oder Gegenstände zu besitzen, die das Grab berührt hatten. Solche Praktiken waren in jedem Falle erwünschter als Zauberei und Wahrsagerei, die das Konzil von Orléans 511 in einem Beschluss ausdrücklich verbot.

Die Heiligenverehrung kam aus den bereits länger christianisierten Gebieten Galliens und anderer ehemals römischer Gegenden und verbreitete sich dann in den Missionsgebieten im Zuge der fränkischen Expansion der nächsten Jahrhunderte. Damit entwickelten sich neue Formen christlicher Religiosität in einem Kontext, der nicht wie in Gallien schon traditionell christlich war. Fraglich ist im Blick auf die Heiligen- und Reliquienverehrung (ebenso wie im Blick auf andere Elemente des Christentums), ob sie in besonderer Weise der germanischen Religiosität entsprach. Doch es ist wieder einmal fraglich, wie die Gestalt der germanischen Religiosität eigentlich beschrieben werden soll. Die Antwort, diese sei eben noch „magisch" orientiert gewesen, ist schnell bei der Hand, aber auch das antike Christentum kannte solche magischen Vorstellungen. Die Quellenlage jedenfalls ist mehr als dürftig, und es ist nochmals zu betonen, dass es nicht einfach möglich ist, spätere Zeugnisse aus Nordeuropa für das Frankenreich und die ihm anheimfallenden Gebiete zu verwenden. Einzelne Grabfunde legen nahe, dass die Religiosität der fränkischen Oberschicht sowohl vom Christentum wie vom ererbten Heidentum beeinflusst sein und man sich beide Optionen offenhalten konnte.

Die religiöse Praxis, auf die neben der Heiligenverehrung in dieser Zeit aufgebaut wurde, hatte sich bereits in der Spätantike entwickelt. Dazu zählte das Kirchenjahr mit seinen Hochfesten, die Form des Gottesdienstes und

Die Heilige Genovefa als Schäferin vor den Türmen von Paris, flämisches Gemälde, um 1595

der Umgang mit den Sakramenten Taufe und Abendmahl. Das wichtigste Fest des Kirchenjahres blieb das Oster-fest, für das vom Konzil von Orléans 511 eine 40-tägige Vorbereitungszeit festgelegt wurde – eine Praxis, die es anderswo schon gab. Demgegenüber hatte sich das Weih-nachtsfest noch nicht fest etabliert, wohl aber der anti-ken Tradition folgend Himmelfahrt und Pfingsten. Die gottesdienstliche Liturgie hatte im 4. Jahrhundert einen Ausbau erfahren, der sich nun fortsetzte und den Weg zur mittelalterlichen Messe ebnete. Dementsprechend diffe-renzierten sich auch die Rangstufen des Klerus weiter aus. Die Predigt hatte keinen festen Stellenwert und ebenso wenig der Empfang des Abendmahls durch die Gläubigen. Der Weg zur Taufe war bereits im 4. Jahrhundert erleich-tert worden, indem der vorher praktizierte Taufunterricht (das Katechumenat) abgekürzt worden war. Dazu hatte unter anderem die Kinder- oder Säuglingstaufe beige-tragen, die sich immer mehr durchsetzte und natürlich keinen vorbereitenden Unterricht erlaubte. Die Taufe erfolgte außerdem nicht mehr nur am Osterfest, wie es in der christlichen Antike üblich war.

Dass mit dem Ende der Antike religiöse Vorstellungen im Christentum in die erste Reihe traten, die bisher eher ein Schattendasein geführt hatten, ist allerdings festzu-halten. Ohne die Unsicherheit der Lebensverhältnisse im Umbruch von der Spätantike zum Frühmittelalter wäre die Heiligenverehrung wohl nicht derart populär gewor-den, und auch die Personifizierung des Bösen hätte nicht derart hohen Anklang gefunden. Das Leben war ständig bedroht und die verfügbaren Ressourcen knapp. Dämo-nen und den Teufel kannte die christliche Theologie und Religiosität zwar vorher schon, doch nun schien ihre Be-drohung allgegenwärtig. Die Martinslegende ist dafür ein gutes Beispiel. Gegen den Teufel kommt eben am besten der Heilige an.

Andererseits ist Martin natürlich auch ein Beispiel vorbildlichen Verhaltens gegenüber den Ärmsten der Armen – nicht im modernen Sinne des solidarischen „Teilens", sondern indem er das tut, was Christus ge-boten hat. Der Bettler, dem er die Hälfte seines Mantels gibt, erscheint ihm nämlich im Traum als Christus, der ja gepredigt hatte: „Was ihr getan habt einem meiner geringsten Brüder, das habt ihr mir getan" (Matthä-us 25,40). Die Armenfürsorge, von den christlichen Ge-meinden gepflegt von Anfang an, blieb gerade in dieser Zeit eine wesentliche kirchliche Aufgabe. Die Bischöfe fanden hier ein wichtiges Betätigungsfeld, auf dem sie vielleicht Sympathien bei Nichtchristen erwecken

Martin von Tours

Schon vor dem Tod Martins im Jahr 397 begann sein Biograf und Verehrer Sulpicius Severus damit, seine Lebensbeschreibung zu verfassen, die auch bereits die berühmte Szene der Mantelteilung ent-hält. Andere Legenden mit dem ihnen angelagerten Brauchtum kamen erst im Laufe des Mittelalters hinzu. Martin war Soldat, quittierte den Militär-dienst, wurde Eremit und um das Jahr 370 Bischof von Tours. Er zählt zu den Gründern des Klosterwe-sens im Westen vor Benedikt von Nursia. Für seine Zeit war der volkstümliche Wundertäter Martin ein ungewöhnlicher Bischof: Sein Gegenbild war der aristokratisch auftretende Ambrosius von Mailand, und nicht alle Bischöfe in Martins Umgebung waren mit der Bischofswahl des ärmlich aussehenden As-keten einverstanden, der nach seiner Wahl weiter-hin in einem Kloster vor der Stadt wohnte. Auch in anderer Hinsicht war Martin unkonventionell: Als der in Spanien beheimatete Theologe Priscillian von Ávila einem Ketzerprozess unterzogen und zum Tode verurteilt wurde, protestierte Martin dagegen, aller-dings ohne Erfolg. Durch Sulpicius Severus gefördert begann schon bald die Verehrung des Martinsgrabes in Tours und des Mantels des Heiligen, der *Cappa*, die in der königlichen „Kapelle" verwahrt wurde. Erst in der Französischen Revolution ist der Mantel ver-loren gegangen. Die schnell wachsende Popularität des Heiligen machte ihn für Chlodwig als Identifikati-onsfigur für das Volk attraktiv, und Gregor von Tours setzte die literarische Verehrung des Heiligen fort.

konnten, wie sich dies auch für die Zeit des Christentums im römischen Imperium annehmen lässt. Das Konzil von Orléans legte ausdrücklich fest, dass die Erträge aus kirchlichem Vermögen nicht nur für den Unterhalt der Geistlichen und die Instandhaltung der Kirchengebäude, sondern ebenso für die Armenfürsorge verwendet werden sollten und im Eventualfall sogar für den Loskauf von Gefangenen, was in diesen kriegerischen Zeiten durchaus notwendig sein konnte.

Das alles erwuchs in den Umbrüchen des Übergangs von der römischen Antike zum germanischen, hier speziell fränkisch dominierten Frühmittelalter. Was sich in Gallien und nicht zuletzt in Südgallien herausbildete, wurde dann im Zuge der fränkischen Expansion in die Gebiete des späteren Deutschlands übertragen. Hier, östlich des Rheins, hatte es nie ein etabliertes Christentum gegeben, der Städte-bau musste sich erst entwickeln, die Bevölkerung war im Lateinischen nicht geübt und rö-

Der Heilige Martin von Tours und der Bettler („Bassenheimer Reiter"), Naumburger Meister, um 1240

mische Kultur- und Sozialformen waren kaum bekannt. Was jede Form von Mission zu vollbringen hatte, war eine Inkulturations- oder Integrationsleistung, nämlich das Kunststück, das bisher eng mit der griechisch-römischen Kultur verbundene und im Judentum wurzelnde Christentum in einem ganz anderen religiös-kulturellen Kontext heimisch zu machen. Dabei konnte die Weiterentwicklung und Umgestaltung antiker Formen und Inhalte dienlich sein.

Gewiss lässt sich an Sprache, Bildung, Kunst und Lebensart ein Niedergang, ja eine bloße Nachnutzung römischer Formen beobachten (eine „Archaisierung" also) und auch von der christlichen Theologie blieb zuerst einmal wenig übrig (von der Kirchenorganisation erheblich mehr), aber immerhin waren diese Reste eine Brücke hin zu einer Weiterentwicklung, zu der nicht zuletzt die Heiligenverehrung gehört. Was die

Heiligenverehrung angeht, sollte diese jedoch nicht allein als Praxis betrachtet werden. Gerade auf dem Boden des Frankenreiches war sie zugleich ein großes Thema der spätantiken und frühmittelalterlichen Theologie. Martin von Tours, eigentlich eine lokale Größe, fand darum so viel Verehrung, weil ihn sein Biograf Sulpicius Severus populär machte. Johannes Cassian reiste um das Jahr 400 nach Ägypten, um die dortigen Wüstenväter kennenzulernen, und machte sie durch seine literarischen Werke zu Vorbildern. Asketisches Leben und Heiligkeit wurden zu Leitbildern. Sichtbar war dies wiederum in einzelnen Personen oder in Klöstern, die sich von Südgallien her über das Frankenreich und bis an den Rhein ausbreiteten. Dazu trug die umfangreiche Literatur über die Heiligen bei, die auch einen erbaulichen oder unterhaltenden Charakter haben konnte.

Herrschaft und Religion: Im König ist das Heil

Chlodwig hatte durch seine Taufe das Christentum katholischer Richtung angenommen und sich durch die Synode von Orléans im Jahr 511 der Unterstützung der Bischöfe versichert. Doch darüber hinaus hatte er vor allem eine Art sakraler Kompetenz erworben, die ihm Einfluss auf die Religion und durch die Religion sicherte. In ihrer Grußadresse an den König anlässlich der Synode schrieben die Bischöfe ihm, dem „Sohn der katholischen Kirche", eine *sacerdotalis mens*, eine „priesterliche Gesinnung" zu. In der Inanspruchnahme einer kirchlichen oder fast priesterlichen Funktion konnte er wie die anderen Germanenkönige an das römische Kaisertum anknüpfen, das zu seiner Zeit in Gestalt des Kaisers in Konstantinopel genauso handelte. Dass es auch germanische respektive fränkische Traditionen dieser Art gab, lässt sich immerhin vermuten. Hierbei könnten Vorstellungen einer göttlichen Abkunft des Königsgeschlechts eine Rolle gespielt haben. So galt der Familienstamm, aus dem der König kam, als göttlich legitimiert oder in einem vorchristlichen Sinne als „heilig". Diese „Geblütsheiligkeit" sollte sich im Laufe der

Jahrhunderte noch christlich aufladen. Dem christlichen Autor Gregor von Tours war dagegen nicht irgendeine göttliche Abkunft der fränkischen Könige wichtig, sondern dass sie sich auf den Trojaner Aeneas zurückführen ließen und damit Verwandte der Römer waren, wie er ganz am Anfang seiner Geschichtsdarstellung plausibel machen will.

Wie die kirchliche Sicht der Dinge war (und sie muss jener Chlodwigs und seiner Nachfahren nicht gänzlich entsprochen haben), zeigt der Brief, den Bischof Avitus von Vienne nach Chlodwigs Taufe an ihn schrieb. Das Bistum des Avitus lag zu dieser Zeit im Reich der Burgunder, das erst nach Chlodwigs Tod dem Frankenreich eingegliedert wurde. Das kirchenpolitische Hauptinteresse des katholischen Bischofs Avitus lag darin, das burgundische Königshaus vom Arianismus zum Katholizismus zu führen, was ihm dann auch gelang. Insofern hatte der Weg Chlodwigs zur katholischen Taufe für Avitus eine wichtige Vorbildfunktion: Er hatte sich von der arianischen Ketzerei abgewandt und den rechten Glauben gewählt. Dass die Taufe Chlodwigs kein persönlicher Akt war, verdeut-

Chlodwig und Chrodechilde gründen die Pariser Apostelkirche; Ausschnitt aus einem Bildteppich, um 1440.

licht Avitus durch die Angabe, bei der Taufe sei eine zahl-
reiche Schar von Bischöfen versammelt gewesen, die also
Zeugen der rechtgläubigen Taufe waren. Damit befand er
sich für Avitus, religiös gesehen, auf Augenhöhe mit dem
Kaiser in Konstantinopel und bildete dessen Pendant im
Westen. Chlodwig war so zum Werkzeug Gottes bei der
Missionierung anderer Völker geworden, wie Chlodwigs
Familie nun überhaupt von Gott auserwählt war.

Die christlichen Quellen (und nur diese gibt es), allen
voran Gregor von Tours, ließen Chlodwig in hellem

Glanz als christlichen König erstrahlen. Gregor integriert Chlodwig in eine Geschichtsdarstellung, die mit Martin von Tours ihren ersten Höhepunkt erreicht. Chlodwig erscheint dabei eingebettet in die Kirchengeschichte Galliens – als ein Teil von ihr, nicht der

profanen Weltgeschichte. So wie das erste Buch der Geschichtsdarstellung Gregors mit dem Tod Martins endet, so schließt das zweite mit dem Tod Chlodwigs. Beide werden demnach in einer Parallele gesehen. Und noch eine Parallele tat sich für Gregor von Tours auf, die im weiteren Verlauf des Mittelalters erheblich verstärkt werden sollte, nämlich das Vorbild der alttestamentlichen Könige: Wenn es bei Gregor heißt, Gott habe täglich Chlodwigs Feinde niedergeworfen und sein Reich vergrößert, weil er rechten Herzens vor ihm gewandelt sei und getan habe, was Gott wohlgefällig war, erinnert dies an die alttestamentlichen Verheißungen an König David (2. Samuel 7). Gregor ist überhaupt der erste Zeuge (sieht man von Avitus von Vienne ab, der nur für die Taufe wichtig ist), der über die Stellung Chlodwigs zum Christentum, ja überhaupt über Chlodwig schreibt, und das in einem Abstand von mehreren Jahrzehnten.

Chlodwig konnte sich aber durch die Taufe, wie schon sein Zeitgenosse Avitus von Vienne schrieb, darauf verlassen, dass seine Heiligkeit (*sanctitas*) und nicht mehr das bloße Glück (*felicitas*) ihm fortan Erfolge schenken würde. Der König konnte sich damit eines überirdischen Heiles erfreuen, das ihn insbesondere zu neuen militärischen Siegen führen sollte. Diese Auffassung passt zu dem, was Gregor von Tours später über die Umstände von Chlodwigs Taufe berichtete: Für Chlodwig erwies der christliche Gott seine Macht in der Schlacht. Zwar war die Frage des Sieges über die Alamannen nicht Chlodwigs einzige Motivation – die Beziehung zu den Bischöfen und die Beziehung zum oströmischen Kaiser waren ebenfalls von erheblichem Belang, wie Avitus von Vienne auch andeutet –, doch für ihn und seine Zeitgenossen ließ sich Gott stets nur in Verbindung mit Macht denken. Dies gilt gleicherweise für Gregor von Tours, der diesen Gedanken in seiner Geschichtsdarstellung immer wieder durchscheinen lässt: Gott greift in die Geschichte ein, belohnt und bestraft und ist mit Männern wie Chlodwig, die seinen Willen tun. Gottes Werkzeuge aber sind vor allem die Heiligen, die nicht allein Vorbilder sind, sondern Gottes Macht verkörpern und somit Wunder tun können.

Chlodwig schlägt 507 bei Vouillé die Westgoten unter Alarich II., Kreidelithografie von Nikolai D. Dmitrijeff-Orenburgsky nach Friedrich Tüshaus.

Die Mission auf dem europäischen Festland

Der Weg in die Fremde: Columban

Fränkische Missionare in alten römischen Landen

Bonifatius, der „Apostel der Deutschen"

Kirchenbau im heidnischen Gebiet, Zinkätzung nach Johannes Gehrts, 1892

Die Christianisierung des weiten Raumes östlich des Rheins erfolgte nicht planmäßig von den schon länger christianisierten Gebieten des Frankenreiches aus. Mission und Etablierung von Herrschaft waren zu dieser Zeit nicht das Gleiche. Eine Ausnahme betraf allerdings die renitenten Friesen, die zugleich fränkische Untertanen und Christen werden sollten.

Ansonsten war Mission als Programm bis dahin allein ein theologisches: Ein politisches Konzept gab es nicht. Auch im römischen Imperium waren ja die meisten Menschen bis zuletzt keine Christen geworden, selbst wenn die Kaiser die Kirche und das Christentum als Religion gestützt hatten. Das galt nicht weniger für die germanischen Herrscher, die auf dem Boden des Weströmischen Reiches ihre Reiche errichteten und keine Missionskampagnen durchführten. Es fiele mithin schwer, für die Zeit der Antike und des beginnenden Frühmittelalters eine Vielzahl von Missionaren zu benennen, die zudem noch planmäßig vorgegangen wären.

Neue Impulse aber kamen aus Irland, wo das Christentum seit dem Beginn des 5. Jahrhunderts nachweisbar ist. Dafür steht nicht nur die Überlieferung über den

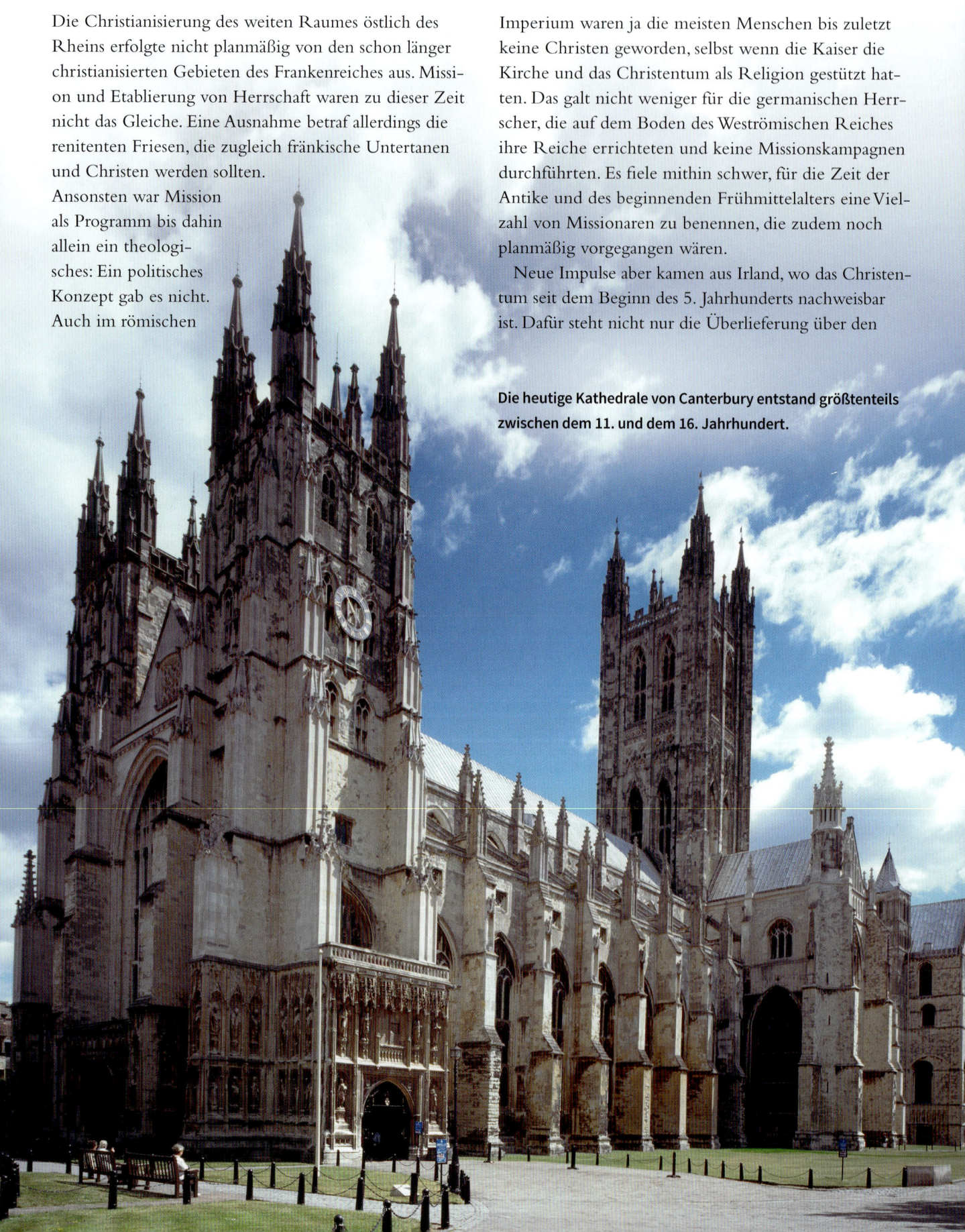

Die heutige Kathedrale von Canterbury entstand größtenteils zwischen dem 11. und dem 16. Jahrhundert.

Heiligen Patrick, sondern ebenso die Entsendung eines Bischofs aus Rom, der die dortigen Kirchendinge ordnen sollte. Schnell entwickelte sich ein blühendes Klosterleben, das die Basis für das kirchliche Leben überhaupt darstellte. Weitere Anstöße kamen aus England, das Teil des Römischen Reiches gewesen war und wo seit dem frühen 4. Jahrhundert christliche Bischöfe bezeugt sind. Nach dem Zusammenbruch der römischen Herrschaft wurde durch einen päpstlichen Beauftragten mit Namen

Augustinus das Bistum Canterbury gegründet. Von hier aus wurde in der Folgezeit eine neue Kirchenorganisation unter den Angelsachsen errichtet; wie in Irland spielten dabei Klöster eine wichtige Rolle. Diese Klöster hatten jedoch nicht das Aussehen mittelalterlicher Abteien, vielmehr lebten die Mönche in eher loser Gemeinschaft zusammen, unter kargen Bedingungen, die durch asketische Übungen noch verstärkt wurden. Diese wurden durch eine intensive Gebetspraxis begleitet.

Der Weg in die Fremde: Columban

Aus diesen Klöstern kamen jene Männer und Frauen, die das Christentum in den Gebieten östlich und, was Friesland angeht, auch nördlich des Rheins verbreiten und vertiefen sollten. Ihr Dasein und ihr Tun fügten sich ein in das, was die Menschen als Zeitgenossen und Verehrer eines Martin und anderer schon kennengelernt hatten: das Vorbild der Heiligen im Glauben und ihre Heiligkeit an sich, in der die Macht des christlichen Gottes wahrgenommen wurde – es ging also einmal mehr nicht zuletzt um den Glauben an Wunder.

Was nun Männer aus der klösterlichen Welt Irlands und Englands in Bewegung setzte, war ein Motiv, das viele Aspekte vereinte und das lateinisch *peregrinatio* heißt. Je nach Kontext kann es im christlichen Bereich die Wallfahrt meinen oder eben das, was die irischen Mönche taten, die auf das Festland kamen: Sie gingen in die Fremde, und das war Teil ihrer asketischen Existenz, denn der Weg dorthin und der Aufenthalt dort waren beschwerlich, selbst wenn sie in Irland bereits harten Bedingungen ausgesetzt gewesen waren. Schon in ihrer Heimat hatten sie ein Leben in

Columban

Columban („der Jüngere") wurde um das Jahr 540 in Irland geboren. Nach einer Zeit als Eremit trat er mit etwa 20 in das Kloster Bangor ein. 30 Jahre später machte sich Columban auf den Weg zum Kontinent. Laut der von seinem Schüler Jonas um 640 verfassten Vita sei Columban nach seinem langen Klosteraufenthalt von der Sehnsucht erfasst worden, die *peregrinatio* anzutreten: Er habe sich des Auftrags Gottes an Abraham erinnert, seine Heimat zu verlassen und in ein Land zu gehen, das Gott ihm zeigen werde. Columban kam aber nicht nur als Mönch und Asket, sondern ebenso als theologischer Lehrer, der er schon im Kloster Bangor gewesen war. Warum er sich mit seinen Begleitern

in den Vogesen ansiedelte, ist nicht klar. Für die hier von ihm gegründeten Klöster Luxeuil, Annegray und Fontaines verfasste er zwei Regeln, von denen eine das Leben im Kloster bestimmte (etwa betreffend den Gehorsam, das Schweigen und den Kampf gegen die Sünden). Hier konnte Columban an spätantike Texte anknüpfen. Die andere Regel bot etwas Neues: Sie legte die Strafen bei Verfehlungen im Kloster fest. Hierin wirkte sich die intensive Bußpraxis in den irischen Klöstern aus, die zur Abfassung von Strafkatalogen führte. Ein Grundanliegen Columbans, das in der Klosterregel zu erkennen ist, lag in der *mortificatio*, der asketischen „Abtötung" des Leibes, die der Seele den Weg zu Gott eröffnet. Dafür war auch das Stundengebet in den Klöstern ein wichtiges Werkzeug.

Iona

Edinburgh
Antoninuswall

Lindisfarne

Bangor
Hadrianswall

Killeany
Dublin

York

Nordsee

WILLIBRORD

Ostsee

WILFRIED
WILLIBRORD
BONIFATIUS

LIUDGER
WILLEHAD

Bonifatius 754† Dokkum

Bremen

WILLEHAD
EWALDE

Elbe

LEBUIN

Utrecht

Rhein

SUIDBERT

Geismar Fritzlar
Büraburg Hers-   Erfurt (?)
          feld
Amöneburg   Ohrdruf
London   LULLUS Fulda

Canterbury

Köln Würzburg

Prag

Elbe

Peronne
Echternach

WENDELIN

Mainz Kitzingen
       Ochsenfurt
Tauberbischofsheim WILLIBALD

Mosel

Rouen Trier

KILIAN

Seine

Reims

Metz

ARBOGAST
LANDELIN

Eichstätt Weltenbg. Passau
           Regensburg EMMERAM

Moldau

Rennes

Paris

PIRMIN

Augsburg KORBINIAN RUPERT
                     Freising

Donau

Sens

Annegray Reichenau Konstanz
Luxeuil TRUDPERT   Salzburg

Fontaines FRIDOLIN

Bregenz
St. Gallen

Loire

Bourges

Granfelden
Disentis

Säben

Alpen

**Atlantischer
Ozean**

Noirmoutier

Tours

Poitiers

Inn

Sitten
St. Maurice

Aquileja Grado

Lyon
Vienne

Tarentaise

Mailand

Ravenna

Po

Adri

Bordeaux

Rhône

Embrun

Bobbio

Arles

Narbonne Marseille

Lérins

**Mittel-
meer**

0 50 100 150 km

Angelsächsische Mission

■ Missionsgebiet des Bonifatius

■ Neu errichtete oder reorganisierte Klöster

● Klostergründungen des Bonifatius

● Angelsächsische Klöster

LEBUIN Namen angelsächsischer Missionare

Iroschottische Mission

■ Missionsgebiet des Patrick um 432

→ Missionsweg Columbans

■ Iroschottische Hauptklöster

✝ Irische Klostergründungen (590–730)

KILIAN Namen iroschottischer Missionare

...... Pilgerzüge

✝ Erzbistümer (um 814)

○ Bistümer (um 814)

der Fremde, eine *vita peregrina* geführt, nämlich in der Weltabgeschiedenheit der Klöster. In die Fremde im geografischen Sinne gingen nur Einzelne, und sie hatten ihre Basis dann im Frankenreich, wo es eine Kirchenorganisation und Klöster gab. Über die individuellen Motive wissen wir kaum etwas und genauso wenig über eventuelle Abenteuerlust und religiöses Sendungsbewusst-

sein. Es waren Männer und einige Frauen mit einer
Mission, könnte man sagen. Schwer und eigentlich
gar nicht zu beantworten ist die Frage, wie viele
Personen es insgesamt waren. Sind die Namen,
die überliefert wurden, die einzigen, oder gab es
noch andere, die vergessen worden sind, weil
sie scheiterten, ihr Ziel gar nicht erreichten
oder niemanden fanden, der in einer Heiligenlegende – einer Vita – von ihrem Leben
berichtete? Handelte es sich dabei also
wirklich um eine „Bewegung"? Die immer wieder auftauchende Zahl von zwölf
Begleitern ist offensichtlich der Zahl der
Apostel entlehnt und nicht unbedingt als
Tatsache zu nehmen, obwohl mit einzelnen Begleitern natürlich zu rechnen ist.

Die erste bedeutende Gestalt war Columban. Er verließ zusammen mit (zwölf)
anderen Mönchen im Jahr 591 Irland und
machte sich ins Frankenreich auf. Dort fand
er die gegebenen politischen und kirchlichen
Verhältnisse vor: Sie waren von Auseinandersetzungen zwischen den Herrschern der Teilrei-
che geprägt, die nach dem Tod König Chlothars I.
mit anderem Zuschnitt wieder entstanden waren.
Eine Förderung seiner Anliegen fand Columban vor
allem durch König Childebert II., der über Austrasien
und Burgund herrschte, und so konnte er am Rande der
südlichen Vogesen drei Klöster gründen, deren wichtigs-
tes Luxeuil war. Klöster waren freilich nichts Neues im
Frankenreich: Sie hatten sich vom ehemals römischen
Südgallien weiter nach Norden verbreitet. Das Leben in
Luxeuil war anfangs überaus karg, das asketische Leben
beruhte nicht allein auf Verzicht, sondern auch auf den
Schwierigkeiten, genug Nahrung zu erzeugen. Allerdings
starb Childebert II. schon 596, und sein Reich wurde
unter seinen Söhnen Theuderich II. und Theudebert II.
geteilt. Theuderich II., der 587 geboren wurde und also
als Kind auf den Thron gelangte, zeugte zwischen seinem
15. und 20. Lebensjahr vier Söhne außerhalb seiner Ehe,
was Columban nicht ungetadelt ließ. Als Hauptgegnerin
Columbans erscheint in seiner Vita aber Theuderichs
Großmutter Brunichild (Brunhilde), die darin als Mit-
regentin bezeichnet wird und die in jedem Falle großen
politischen Einfluss hatte. In der Folge wurde Columban

Columban und seine Gefährten bei der Überfahrt,
Farblithografie, Frankreich, um 1890

im Jahr 609/10 aus Luxeuil vertrieben und musste in den
benachbarten Reichsteil Theudeberts II. ausweichen, der
ihm Aufenthalt gewährte und ihn nach Bregenz an den
Bodensee schickte. In der Nähe von Bregenz fanden Columban und seine Begleiter eine Bevölkerung aus Heiden
und Christen vor, wobei es offensichtlich eine Revitali-
sierung der vorchristlichen Religiosität gegeben hatte: In
einer Kapelle entdeckten sie heidnische Kultbilder, die sie
hinauswarfen. Was eine solche Aktion für eine Missionierung oder Christianisierung dieses Landstrichs bedeutete,
lässt sich nur schwer sagen.

Kilian

Kilian, so erzählt es seine Vita (eigentlich eine *passio*, also eine Leidensgeschichte), machte sich mit seinen Gefährten, unter ihnen Männer mit den Namen Kolonat, Gallus, Arnuval und Totnan, zielgerichtet von Irland aus nach Würzburg auf. Hier hätten sie nichts als Heiden vorgefunden und seien erst einmal nach Rom gefahren, wo Kilian die Bischofswürde erhielt. Offensichtlich war es wichtig – ob in Wirklichkeit oder in der Vorstellung des Autors der Vita –, dass Missionare in Rom ihre Beglaubigung erhalten hatten. Außerdem hängt an dieser Information die gesamte Datierung des Lebens Kilians: Der hier erwähnte Papst Konon amtierte von 686 bis 687 und soll, so die Vita Kilians, sein Amt gerade angetreten haben. Erneut in Würzburg angekommen (erzählt wird dies so, als hätte es die erste Ankunft in Würzburg gar nicht gegeben) nahm man dann die Mission auf, wobei freilich wieder einmal der Adel im Wege stand: Obwohl sich der lokale Herrscher, Herzog Gozbert, hatte taufen lassen, lebte er nicht nach dem kirchlichen Eherecht, da er die Frau seines verstorbenen Bruders geheiratet hatte. Den daraus folgenden Konflikt bezahlten Kilian, Kolonat und Totnan mit dem Leben, die gängige Datierung für ihr Martyrium ist das Jahr 689. Auch wenn die Kiliansverehrung seit der Mitte des 8. Jahrhunderts bezeugt ist, stammt seine Vita erst aus der Mitte des 9. Jahrhunderts, was die Einschätzung ihres historischen Gehalts erschwert. Von Kilians Wirken ist abgesehen von seinem Martyrium allerdings ohnehin kaum die Rede.

Als einer der Begleiter Columbans wird in den Quellen der später im Bodenseeraum prominent gewordene Gallus genannt. Das Kloster St. Gallen wurde allerdings erst im 8. Jahrhundert, also rund 200 Jahre nach dem Wirken des Gallus gegründet, und über Gallus selbst ist aus den Quellen wenig Konkretes in Erfahrung zu bringen, schon was seine Herkunft angeht: Ob er wie Columban aus Irland gekommen war, lässt sich nicht sicher sagen.

Als Theudebert II. 612/13 in einer Auseinandersetzung mit Theuderich II. fiel, musste Columban nach Norditalien weiterziehen, das zu dieser Zeit unter der Herrschaft der Langobarden stand. Hier konnte er in Bobbio wiederum ein Kloster gründen. Die Konflikte mit Theuderich und Brunichild waren jedoch nicht die einzigen Gründe für den Weggang Columbans aus dem Frankenreich. Er selbst kam aus einer Tradition, die den Klöstern eine eigenständige Stellung gab. Dies entsprach nicht den Kirchenrechtstraditionen auf dem Kontinent, die auf eine Unterstellung der Klöster unter die Ortsbischöfe zielten. Hinzu kam ein Streit um die Berechnung des Ostertermins – auch hier prallten irische und kontinentale Traditionen aufeinander.

Columbans Tätigkeit erstreckte sich nur teilweise auf das später deutsche Gebiet. Sie führte vielmehr zu einer Festigung des klösterlichen Lebens im Kernland des Frankenreiches, das heißt im späteren Frankreich. Von der Kerngründung in Luxeuil strahlten die neuen Impulse eher nach Westen und Süden aus. Weiter in das später deutsche Gebiet drang Kilian vor, der wie Columban mit zwölf Gefährten aus Irland gekommen sein soll und sich

bis nach Würzburg vorwagte, wo er im Jahr 689 ermordet wurde – einmal mehr spielte dabei die Kritik an der Lebensführung eines Adligen eine wichtige Rolle. Allzu nachhaltig waren seine Erfolge aber nicht, und erst in der späteren Wahrnehmung wurde er zu einem großen Missionar, zum „Frankenapostel".

Fränkische Missionare in alten römischen Landen

Erst im 8. Jahrhundert entfalteten die Aktivitäten Columbans eine Nachwirkung über den Rhein hinaus. Hierbei waren Klöster im südwestdeutschen Raum, also im Gebiet der Alamannen im weiten Umkreis um den Bodensee, und im Bayern südlich der Donau von zentraler Bedeutung. Es handelte sich wieder einmal und immer noch um Gegenden, die ehemals römisch gewesen waren. Seine Nachfolger festigten und verstärkten somit auch hier eher das Christentum, soweit es sich schon etabliert hatte.

Als einer der indirekten Nachfolger kann Pirmin angesehen werden. Ihm wird ebenfalls die *peregrinatio* zugeschrieben, allerdings ist gar nicht sicher, ob er nicht aus dem Frankenreich stammte. Der gelehrte Mönch Hrabanus Maurus verfasste zwar im 9. Jahrhundert ein Gedicht auf ihn, in dem es heißt, Pirmin habe sein Vaterland verlassen und ein Land in der Fremde (*patria peregrina*) aufgesucht, nämlich das fränkische. Die einzige konkrete Lokalisierung sei-

Pirmin

Wie Kilian in Franken, so wurde Pirmin im alamannischen Raum und im Elsass als Missionar verehrt – allerdings ist die Quellenlage für ihn wesentlich besser. Pirmin wirkte fast 30 Jahre lang, nicht als Missionar, sondern als Klostergründer. Die erste und noch heute fassbare Gründung ist die Abtei Reichenau. Nach Lesart der Reichenauer Überlieferung im Jahr 724 wurde Pirmin durch Karl Martell damit beauftragt. Von der Vita ausgehend würde man eher den alamannischen Adligen Sindlaz als Initiator der Gründung annehmen. Bald darauf verließ Pirmin jedenfalls die Reichenau und gründete das Kloster Murbach im Elsass. Dabei spielte der Schutz des regionalen Adels eine wichtige Rolle, unter dessen Obhut und in dessen Besitz sich das Kloster befand. Damit

konnte es der Aufsicht des zuständigen Straßburger Bischofs entzogen werden, so dass Pirmin nicht nur als Abt, sondern zugleich als Bischof seines Klosters fungierte – eine Doppelfunktion, die nicht ungewöhnlich war. Pirmin blieb jedoch nicht lange in Murbach und gründete das Kloster Hornbach in der Pfalz, wobei ebenfalls der Schutz eines lokalen Adligen eine Rolle spielte. Hier starb er um das Jahr 750 und hier wurde er auch begraben. In Hornbach bedeutete die Reformation das Ende des klösterlichen Lebens, und in der Folge wurden die Gebeine Pirmins nach Innsbruck ausgelagert. Pirmin werden noch weitere Klostergründungen zugeschrieben, doch ist dabei das Ziel erkennbar, spätere Gründungen durch seinen Namen aufzuwerten.

Das Martyrium des Heiligen Emmeram, Theobaldsmünster in Thann (Elsass), Ausschnitt aus den Archivolten des Südportals, um 1400

nes frühen Wirkens in den Quellen verweist jedoch auf das Frankenreich und besteht in der Angabe, er sei Bischof des östlich von Paris gelegenen Meaux gewesen. Dort habe ihn ein alamannischer Adliger namens Sindlaz aufgesucht und ihn gebeten, mit in seine Heimat zu kommen. Das Ziel war aber nicht die Mission, sondern die Festigung des christlichen Glaubens und die Verhinderung eines Rückfalls der Bevölkerung in das Heidentum. In der Vita Pirmins findet sich wie in anderen Viten das Motiv der Romreise und der Beauftragung durch den Papst. Ihr ist außerdem zu entnehmen, dass Pirmin für seine Mönche die Regel Benedikts zur Norm machte, die dieser norditalienische Klostergründer rund 200 Jahre zuvor verfasst hatte. Zugleich gab es allerdings noch andere Regularien, so dass für diese Zeit von der Geltung einer „Mischregel" zu sprechen ist. Doch genauso wichtig wie die Geltung einer Regel dürfte Pirmins persönliche Autorität gewesen sein.

Auch in Bayern waren Personen tätig, die nach wie vor durch ihre Verehrung präsent sind. Dies betrifft zum Beispiel Emmeram, der laut seiner Heiligenvita Bischof von Poitiers gewesen sein soll, bevor er sich auf einer Missionsreise in Regensburg niederließ. Als Motiv für Emmeram, seine Heimat zu verlassen, wird wie bei den irischen Mönchen das Vorbild Abrahams genannt. Die alte Römerstadt Regensburg war die Residenz der

bayrischen Herzöge aus dem Geschlecht der Agilolfinger, und es war der amtierende Herzog Theodo, der Emmeram davon abhielt, seine Missionsreise weiter zu den Awaren fortzusetzen, mit denen er im Krieg lag. In Regensburg traf Emmeram auf eine Bevölkerung, in der die frisch Getauften immer noch in den heidnischen Kulten verwurzelt waren. Die Getauften waren offensichtlich Erwachsene, der Urheber der Taufen wird aber nicht genannt – waren sie eine Folge der Politik der Agilolfinger? Nach drei Jahren wurde Emmeram von Theodos Sohn Lantpert zu Tode gemartert. Als Hintergrund gibt die Vita an, Emmeram habe die Schuld für ein uneheliches Kind der Frau Lantperts, Uta, auf sich genommen. Wann das alles geschah, ist allerdings unsicher. Am wahrscheinlichsten ist die Annahme, dass das erst im späteren Mittelalter festgelegte Todesjahr Emmerams, nämlich 652, nicht stimmt und dass der in der Vita genannte Herzog Theodo jener Fürst gleichen Namens ist, der in anderen Quellen für eine rund 50 Jahre spätere Zeit als Förderer des Christentums genannt wird.

Emmeram wäre dann ein Zeitgenosse oder ein in frühere Zeiten zurückversetztes Vorbild jener Bischöfe, die nach Theodos Konzept das Christentum, aber auch die Kirchenorganisation neu befestigen sollten. Theodo reiste im Jahr 715 nach Rom, um dort eine Bistumsorganisation in den Grenzen Bayerns bestätigen zu lassen. Zwar kam dieses Vorhaben nicht unmittelbar zur Ausführung (umgesetzt wurde es erst durch Bonifatius), doch wird er damit als jemand identifizierbar, der planmäßig an der Christianisierung seines Landes arbeitete.

Die Medien der Mission

Columban und seine Gefährten, so schreibt sein Biograf und Schüler Jonas, überzeugten nicht nur durch ihre Predigt, sondern ebenso durch ihr Vorbild in der Demut: *pietas* und *caritas*, Frömmigkeit und Liebe, gehörten also zusammen. Doch dies galt vor allem für die Begegnung mit Menschen, die schon Christen waren und deren Frömmigkeits- und Lebenspraxis weiter verchristlicht werden sollte. In der Begegnung mit Heiden zählte die drastische Tat mehr: Columban zerstörte in der Nähe von Zürich einen heidnischen Tempel, was ihm eine heftige Gegenwehr der ansässigen Bevölkerung eintrug. Die positive Variante des drastischen Tuns waren Wunder, von denen erzählt wurde und die die Autorität ihres Vollbringers stärkten.

Dazu gehörte in kargen Zeiten nicht zuletzt das Herbeischaffen und die Vermehrung von Nahrungsmitteln – auch für die Gemeinschaft der Mönche. So berichtet die Vita Columbans, durch ein Wunder sei das Auslaufen des klösterlichen Bieres verhindert worden. Umgekehrt brachte Columban am Bodensee einen Kessel mit Bier, das für Wotan gebraut worden war, zum Auslaufen. Die Predigt hatte ebenfalls einen wichtigen Stellenwert. Über Emmeram berichtet seine Vita, er habe, als er den Rhein in Richtung Osten überschritt, noch nicht die germanische (oder alamannische) Sprache beherrscht und sich eines Übersetzers bedienen müssen. Im Ganzen darf man sich die Predigten nicht als allzu lang und differenziert vorstellen: Der Hauptinhalt dürfte der Ruf zum christlichen Glauben und zur Taufe gewesen sein.

In dieses Konzept passte ebenso Korbinian, dessen Vita den gleichen Autor hat wie die Vita Emmerams, nämlich den Bischof Arbeo von Freising. Korbinian, der bei Melun an der Marne geboren wurde, kam um 715 nach Regensburg. Dann ging er nach Freising, wo einer der Söhne Theodos, Grimoald, als Teilherrscher residierte. Allerdings brachen dann Konflikte zwischen Korbinian und Grimoald sowie dessen Frau Pilitrud aus, die dazu führten, dass er Freising verlassen musste. Erst als Grimoald tot war, konnte Korbinian zurückkehren. Auffällig sind zwei Reisen, die er nach Rom unternahm, wobei die Vita seine Reisetätigkeit erneut auf das Vorbild Abrahams zurückführt. Von der ersten Romreise brachte er die Bischofsweihe und den Auftrag mit, im Frankenreich zu predigen. Die zweite Romreise führte Korbinian auf einem selbst gewählten Umweg in das Bodenseegebiet („Alamannien"), nach Bayern („Noricum") und nach „Germanien", womit in diesem Zusammenhang das Gebiet nördlich der Donau gemeint sein könnte. In diesen Gegenden predigte er und stieß auf ein raues Volk, das sich gerade erst zum Christentum bekehrt hatte. Auch hier wird nicht gesagt,

wer oder was der Urheber der Christianisierung war. Bei dieser Gelegenheit kam es ebenfalls zur Begegnung mit Herzog Theodo. Auf seiner zweiten Romreise soll Korbinian versucht haben, die Bischofswürde zurückzugeben, was ihm vom Papst jedoch versagt worden sei. Vielmehr sei er wieder zurückgeschickt worden, um seinem Auftrag nachzukommen. Damit betont die Vita nicht zuletzt Korbinians besondere Demut und seine Sehnsucht nach Weltentsagung – ein Motiv, das bereits in der Vita des Martin von Tours vorkommt. Verbunden ist mit den Romreisen zudem aber eine besondere Legitimation, und dies ist ein Motiv, das schon auf Bonifatius verweist, zu dessen Zeit Arbeo die Vita Korbinians verfasste.

Eine dritte, bis heute bekannte Person war Rupert, der in Salzburg verehrt wird. Er war zuvor Bischof von Worms gewesen, wohin er nach seiner Tätigkeit in Salzburg wieder zurückkehrte. Im Jahr 696 kam er nach Bayern. Warum er Worms verließ, ist nicht klar. Theodo könnte ihn als erfahrenen Kirchenmann „ausgeliehen" haben. Rupert war vornehmer Herkunft, sagt seine Vita, noch vornehmer sei er allerdings im Glauben und der

Der Heilige Rupert erblickt die Ruinen von Salzburg; Gemälde von Sebastian Stief, 1859.

Frömmigkeit gewesen. Ganz offensichtlich gelang es ihm, in Salzburg das kirchliche Leben zu befestigen – die Vita spricht vom Restaurieren und Renovieren –, das vom Herzog entsprechend finanziell ausgestattet wurde. Daraus entwickelte sich bald ein Bischofssitz, falls ihn Rupert nicht sogar selbst gründete.

In Bayern wie im alamannischen Gebiet wurden die kirchlichen Belange rechtlich verankert. An der Spitze der Rechtssammlungen (*Lex Baiuvariorum* und *Lex Alamannorum*) standen Regelungen, die die Kirche betrafen, so etwa im Blick auf ihr Vermögen, den Klerus oder das Asyl. Demzufolge hatte die Kirche eine starke Position. Nicht zu klären ist aber die Frage, wie alt diese Regelungen sind und ob sie nicht erst aus der Karolingerzeit stammen, in

der die Kirche eine wesentlich zentralere Stellung in den Randgebieten des Frankenreiches hatte als im 7. und frühen 8. Jahrhundert.

Für das 7. Jahrhundert lässt sich festhalten, dass von einer Mission im eigentlichen Sinne nicht die Rede sein kann. In den alten römischen Gebieten wurde das Christentum vielmehr befestigt. Die Bedeutung von Männern wie Columban, Gallus und Kilian liegt darin, dass sie lange nach ihrem Wirken und ihrem Tod eine Verehrung auf sich zogen, die auf späteren Lebensbeschreibungen beruhte. Sie wurden Heilige und Zeugen des Glaubens, der flächendeckend frühestens ein Jahrhundert nach ihnen Einzug hielt. Ihre eigene Wirksamkeit war punktuell gewesen, denn obwohl sie ihren

Das am Donaudurchbruch in Niederbayern gelegene Kloster Weltenburg soll 617 von den Columbanschülern Eustasius und Agilus aus Luxeuil gegründet worden sein.

Lebensbeschreibungen zufolge oft mit einer Gruppe von Männern gekommen waren, ist über das Schicksal ihrer Begleiter nichts oder fast nichts in Erfahrung zu bringen. Die später verehrten Heiligen bauten auch kein Netz von Pfarreien auf; ihre organisatorische Tätigkeit bestand allenfalls in der Gründung von Klöstern, wobei die Klöster, die heute mit ihnen in Verbindung gebracht werden, zumeist erst nach ihrer Zeit gegründet wurden. Eine Ausnahme könnte das Kloster Weltenburg sein, dessen Gründung Mönchen aus Luxeuil zugeschrieben wird und das auf jeden Fall im Gegensatz zu anderen Klöstern noch vor der Karolingerzeit gestiftet wurde. Ansonsten bestand das Tun der späteren Heiligen im Taufen einzelner Personen, nicht zuletzt von Adligen. Widerstand gegen das Wirken dieser Männer kam dann aber vor allem vom Adel, der zu einer Verhaltensänderung in Hinsicht auf das Eheverständnis aufgerufen wurde. Dies wiederum hatte nicht nur moralische, son-

dern, wie bei Korbinian zu sehen ist, ebenso kirchenrechtliche Gründe. Überhaupt war das Eheverständnis der Angelpunkt für eine Christianisierung im Blick auf die Lebensführung. Bonifatius, so berichtet seine Vita, beendete Beziehungen zwischen Laien und Konkubinen sowie zwischen Geistlichen und Frauen.

Der Adel bot andererseits durch seine Besitzungen und Schenkungen eine unverzichtbare Basis für Klostergründungen, und je weiter die Christianisierung fortschritt, desto mehr wurde ein Kloster wegen der Fürbitte der Mönche und Nonnen als Garantie für das Seelenheil des Stifters angesehen. Das Kloster Lorsch in Hessen etwa, im Jahr 764 gegründet, verdankte sich der Initiative des Gaugrafen Cancor. Besiedelt wurde Lorsch vom Benediktinerkloster Gorze in Lothringen aus. Dies aber geschah schon in einer Zeit, in der eine ganz andere, groß angelegte Initiative das Christentum östlich des Rheins verankern und verbreiten sollte.

Bonifatius, der „Apostel der Deutschen"

Nachhaltiger als die Aktivitäten des Iren Columban und anderer waren die der angelsächsischen Missionare, die seit dem Ende des 7. Jahrhunderts außerhalb des ehemals römischen Gebietes das Christentum zu verbreiten versuchten und damit auch Erfolg hatten.

Der erste unter ihnen war Wilfrid von York, ein Mönch adliger Herkunft, den eine intensive Reisetätigkeit auszeichnete – nicht aus missionarischen Gründen, sondern aufgrund seiner kirchenpolitischen Interessen. Eine enge Bindung an Rom war eines der Ziele, und diese Bindung erwies sich immer wieder als hilfreich, wenn es darum ging, seine kirchliche Stellung in England zu sichern, die durchaus nicht unangefochten war. Auf einer dieser Reisen kam er 678 auf dem Weg nach Rom durch das Land der Friesen, die auf dem Gebiet der heutigen Niederlande und auf dem Gebiet des späteren Deutschlands zwischen Weser und Ems siedelten und somit außerhalb des ehemaligen römischen Gebietes. Aufgrund der geografischen Lage sind Kontakte nach Südengland wahrscheinlich, was erklären würde, warum Wilfrid sich nicht scheute, den Weg durch diese Lande zu nehmen. Seine Vita bezeichnet die Bewohner als Heiden, betont aber zugleich, der Friesenkönig Aldgisl habe Wilfrid empfangen und dieser habe gepredigt. Hier findet sich zudem eine Inhaltsangabe der Predigt, die allerdings keinen missionarischen Inhalt hatte, sondern den wahren Gott, den Allmächtigen Vater, Jesus Christus als seinen Sohn, den gleichewigen Heiligen Geist, das ewige Leben und „die eine Taufe zur Vergebung der Sünden". Eben diese Formulierungen machen deutlich, dass das Thema das Glaubensbekenntnis in der vom Konzil von Konstantinopel im Jahr 381 beschlossenen Variante war: Sie war in die lateinische Messe eingegangen. Die Predigt war überdies mit einem Wunder verbunden: Das Meer gab mehr Fisch und das Land mehr Früchte. Und so ließen sich, jedenfalls der Vita zufolge, fast alle Fürsten taufen.

Die Geschichte von Wilfrids Friesland-Aufenthalt – er soll einen Winter gedauert haben – macht in seiner Vita nur ein Kapitel aus und ist eher eine Episode. Die Friesen erscheinen hier als Beschützer Wilfrids, denn Aldgisl habe sich geweigert, ihn an die Franken auszuliefern, die seiner habhaft werden wollten. Darüber hinaus bildet die Wilfrid-Episode eine Brücke zu dem eigentlichen Friesenmissionar, nämlich Willibrord, der, wie die Vita Wilfrids betont, auf dessen Werk aufbauen konnte und der in England Wilfrids Schüler gewesen sein soll.

Diese missionarische Genealogie aber ist eher zweifelhaft, denn der angelsächsische Historiker Beda Venerabilis berichtet über einen Zeitgenossen namens Egbert, der im Sinn hatte, nicht nur die Friesen, sondern ebenso die Sachsen und Dänen und andere germanische Völker (Beda zählte auch die Hunnen dazu) zu missionieren. Diese wollte er dem Satan entreißen und zu Christus bringen. Hier findet sich also, ähnlich wie schon bei Paulus, ein universal angelegter Missionsgedanke. Freilich konnte Egbert seine Reise selbst nicht unternehmen und musste die Sache anderen überlassen. Doch von Wilfrid ist dabei nicht die Rede. Vielmehr schickte Egbert laut Beda Venerabilis einen gewissen Wiktbert, der um 688 zwei Jahre lang in Friesland Bekehrungsversuche unternahm, allerdings scheiterte, nicht zuletzt am Widerstand des Friesenkönigs Radbod, der einer der Nachfolger Aldgisls war.

Einen gewissen Durchbruch erzielte tatsächlich erst Willibrord, der dann als „Apostel der Friesen" verehrt wurde. Über die Motivation Willibrords sind sich die Quellen nicht einig. Während Beda Venerabilis ihn als Entsandten Egberts darstellt, ist seinem Biografen Alkuin, einem Gelehrten am Hofe Karls des Großen von ebenfalls angelsächsischer Herkunft, die Eigeninitiative Willibrords wichtig. Die Basis Willibrords war jedenfalls Utrecht. Die Stadt war an der Stelle eines römischen Kastells gegründet worden und bildete einen Vorposten der Franken. Von hier aus hatte Kunibert, der Bischof von Köln, im Auftrag des fränkischen Königs Dagobert I. um das Jahr 640 die Friesen missionieren wollen, unter anderem sicher, um Friesland fränkischem Einfluss zu öffnen. Qualifiziert für diese Aufgabe war er durch die Missiontätigkeit in seinem eigenen Bistum. Seine Missionsversuche bei den Friesen aber blieben erfolglos, zumal diese Utrecht eroberten.

Willibrord operierte seit ungefähr 690 im Gebiet der Friesen mit fränkischer Rückendeckung, also nicht mehr allein mit einem aus England bezogenen Missionsauftrag, und soll wiederum zu zwölft unterwegs gewesen sein, ohne dass man über das Tun seiner angeblichen Begleiter viel in Erfahrung bringen könnte. Beda berichtet von den „Ewalden", zwei Brüdern mit gleichem Namen, die nach ihrer Haarfarbe unterschieden wurden („der Schwarze" und „der Weiße"). Sie hätten einen Missionsversuch im Sachsenland unternommen und seien dabei getötet worden, weil die Sachsen das Christentum als fremde Religion fürchteten. Ihre Reliquien wurden nach Köln überführt, wo sie später verehrt wur-

den. Zu den Begleitern Willibrords wird auch Suidbert gezählt, durch den Beda eine Brücke zu Wilfrid schlagen konnte, der längst wieder in England war. Während Willibrord in Rom gewesen sei, hätten die anderen Missionare Suidbert zu ihrem Bischof gewählt, der seine Wahl dann in England von Wilfrid habe legitimieren

Darstellung Willibrords als „Apostel der Friesen"

lassen. Allerdings konnte das Suidberts weitere missiona-rische Arbeit in Friesland nicht fördern: Offensichtlich erfolglos wich er laut Beda zu den „Boructuariern" aus, die man gern mit den antiken Brukterern identifiziert und an Lippe und Ruhr lokalisiert. Freilich war dieses Unternehmen genauso wenig von Erfolg gekrönt, da die Sachsen die Boructuarier unterwarfen. Nachhaltige Wirkung hatte Suidbert schließlich durch die Gründung eines Klosters auf einer Rheininsel, die später Kaisers-werth genannt wurde. Dies geschah um das Jahr 695.

Es war der fränkische Hausmeier Pippin (der Mitt-lere), der Willibrord nach Rom schickte, damit er sich dort päpstliche Vollmachten erteilen ließe. In Rom war er zweimal, die zweite Romreise brachte im Jahr 695 die förmliche Beauftragung mit der Friesenmission und die Weihe zum Erzbischof mit sich. Willibrord gelang es, Kirchen zu errichten und Priester einzusetzen: Er baute eine Kirchenorganisation auf, deren Zentrum das inzwischen wieder fränkisch gewordene Utrecht war. Die eigentliche Basis Willibrords aber war das heute luxemburgische Kloster Echternach, wo er auch be-graben wurde und das ihm faktisch persönlich gehörte. Die Unterwerfung der Friesen durch Karl Martell nach einem letzten Versuch ihres Fürsten Radbod, wieder Unabhängigkeit zu erlangen, stützte dann Willibrods Ar-beit. Christianisierung im Sinne der Einordnung in die Kirche – wie weit sie immer gegangen sein mag – und politische Einordnung in das Frankenreich waren hier nur zwei Seiten einer Medaille. Der Aufstand Radbods, der von 716 bis 719 andauerte, war ein Protest gegen beides. Willibrord konnte nach der Wiederherstellung der fränkischen Macht über die Friesen seine Mission fortsetzen, eine Durchdringung des Landes mit dem Christentum ist zu seinen Lebzeiten jedoch noch nicht gelungen. Auffällig ist Willibrords Beziehung nach Würz-burg, wo das Herzogsgeschlecht der Hedenen gegenüber den Franken eine Teilautonomie für Thüringen (das na-türlich nur sehr ungefähr mit dem heutigen Thüringen deckungsgleich ist) zu bewahren versuchte. Willibrord erging es hier besser als Kilian einige Jahre zuvor: Hatte Herzog Gozbert Kilian töten lassen, so unterstützte sein Sohn Heden II. Willibrord bei seiner Missionsarbeit und beschenkte ihn zudem mit Gütern.

In Willibrord also vereinten sich zum ersten Mal die Anliegen von Christianisierung und Unterwerfung un-ter die fränkische Herrschaft. Er selbst hatte eine enge Bindung an Pippin und seinen Sohn Karl Martell, die nun viel entschlossener als die Merowingerkönige auf Expansionskurs Richtung Osten gingen. Hinzu kam die feste Anbindung an den Papst, die schon ältere Missio-nare erprobt hatten. Dieses Modell wurde von Bonifa-tius weiterentwickelt. Er wurde lange als „Apostel der Deutschen" verehrt, seit dem 19. Jahrhundert und der in diesem Jahrhundert noch einmal verstärkt aufbrechen-den Profilierung der Konfessionen gegeneinander aber nur noch als Apostel der Katholiken. Faktisch ist auch er nicht „der" Missionar der Deutschen gewesen, sondern er hat bestehende kirchliche Strukturen ausgebaut und das Christentum von dort aus weiter ausgebreitet. Des-sen Verbreitung ging allerdings genauso gut ohne dau-ernde Missionierung durch ihn oder andere voran.

Bonifatius, dessen eigentlicher Name Winfrid war, trieb wie seine Vorläufer die Sehnsucht nach fremden Gegenden (*peregrina loca*) um. Umsetzen konnte er seinen Wunsch erst mit rund 40 Lebensjahren. 716 kam er nach Friesland, wo es ihm nicht anders erging als seinen Vor-gängern: Der Friesenkönig Radbod verfolgte gerade zu dieser Zeit die Christen und ließ die schon bestehenden Kirchen zerstören, weil er im Streit mit Karl Martell lag, und Bonifatius musste den Rückzug nach England antre-ten, da unter diesen Umständen an Mission nicht zu den-ken war. Dass Bonifatius dann erst einmal nach Rom fuhr, um sich offiziell beauftragen zu lassen, war ebenfalls nicht ungewöhnlich. Durchaus neu war hingegen, dass er sich auf der Rückreise in unbekannte Gebiete im Grenzland Germaniens und Bayerns vorwagte, um nach Thüringen zu gehen. Hier nun stieß er auf eine bereits teilchristiani-sierte Bevölkerung, und so mischten sich wieder die An-liegen von Mission und Kirchenreform: Er predigte den Fürsten und brachte zugleich die dortigen Geistlichen zur Keuschheit zurück. Letztlich ging Bonifatius aber doch nach Friesland, nachdem Radbod gestorben war und Karl Martell die Kontrolle zurückerlangt hatte. Der Vita des Bonifatius ging es offensichtlich darum, besonders zu betonen, wie segensreich die Frankenherrschaft war und dass Bonifatius in Friesland ein Gehilfe Willibrords wurde.

Friesland blieb im Leben des Bonifatius allerdings nur eine Episode, wenngleich er hier im Jahr 754 den Märtyrertod starb, als er sich ein weiteres Mal auf eine Predigtreise dorthin aufgemacht hatte. Auch nach ihm

Lioba

Lioba war eine Verwandte des Bonifatius und stammte wie er aus der angelsächsischen Oberschicht. Sie war im Kloster erzogen worden und hatte dort eine standesgemäße Bildung erhalten. Um 735 holte Bonifatius sie nach Deutschland und machte sie zur Äbtissin des Klosters Tauberbischofsheim. Das Kloster hatte eine besondere Bedeutung, da in der angeschlossenen Schule Mädchen unterrichtet wurden, die ihr Wissen wiederum weitervermittelten, in ihre Familien hinein, aber auch als Lehrerinnen in anderen Klöstern. Lioba selbst hatte laut ihrer Vita nicht nur hervorragende Bibelkenntnisse, sondern kannte sich ebenfalls in der Literatur der Kirchenväter und im Kirchenrecht sehr gut aus. Bei den fränkischen Herrschern bis hin zu Karl dem Großen (Lioba starb um das Jahr 782) genoss sie hohes Ansehen, mit Karls Ehefrau Hildegard war sie befreundet. Bonifatius wiederum hatte sie als eine der Erben und Fortführerinnen seines Missionswerks eingesetzt und ihr feierlich seine Kukulle überreicht, seinen Reisemantel also. Dies kann als symbolischer Akt der Beauftragung nach dem Vorbild des Propheten Elia gedeutet worden, der seinem Schüler Elisa seinen Mantel übergeworfen hatte. Lioba baute die Kontakte zwischen den bestehenden Frauenklöstern aus, hier sind besonders Kitzingen und Ochsenfurt zu nennen. Der durch Lioba verkörperte Impuls, Frauen aktiver in die Missionsarbeit einzubeziehen, hatte allerdings keine nachhaltige Wirkung. Letztlich blieb die klösterliche Sphäre da, wo es um Mission ging, eine Männerdomäne.

werden noch Friesenmissionare genannt: Willehad, später der erste Bischof von Bremen, und Liudger (Ludger), der als Gründer eines Klosters (Monasterium) bekannt und verehrt wurde, aus dem sich die Stadt Münster entwickelte. Desgleichen geht auf ihn die Gründung des Klosters Werden bei Essen zurück, ferner wird das Ludgeri-Kloster in Helmstedt auf ihn zurückgeführt. Jedoch hatten Willehad und Liudger am Ende ebenso wenig Erfolg und wandten sich anderen Aufgaben zu.

Bedeutender als die Aktivitäten des Bonifatius in Friesland waren jene in Thüringen und in Hessen. Hier kam es nun zu der bekanntesten und häufig im Bild dargestellten Missionsaktion des Frühmittelalters, nämlich zur Fällung der „Jupitereiche" bei Geismar im Jahr 724, die also dem Gott Donar (Thor) geweiht war. Nach der Beseitigung des heidnischen Heiligtums baute Bonifatius aus dem Holz der Eiche eine Kapelle und eine Kirche, an deren Stelle heute der Fritzlarer Dom steht. Bonifatius operierte freilich nicht ganz ohne Deckung, denn seine Missionsbasis war die Büraburg, eine fränkische Festung, die kurzzeitig Bischofssitz war. Letztlich vertrat Bonifatius hier die Interessen Karl Martells.

Wie schon Willibrord war Bonifatius nicht in erster Linie ein Missionar im neuzeitlichen Sinne, der predigte und taufte. Er war trotz seiner intensiven Predigttätigkeit vielmehr ein Kirchen- und Klostergründer, und damit verankerte er das Christentum in bisher kaum oder gar nicht davon berührten Gegenden Deutschlands. Klöster wie Ohrdruf, Fulda oder Fritzlar waren „Missionsstationen", aber gleichzeitig dafür zuständig, das Christentum zu festigen und zu vertiefen. Dies gilt für Hessen wie für Thüringen. Fulda war dabei eine Mustergründung des Bonifatius: entstanden aus einer Schenkung des fränkischen Herrschers Karlmann, unabhängig vom zuständigen Bischof und auf die Benediktsregel verpflichtet. Bistum wurde Fulda erst im 18. Jahrhundert; bis dahin hatten die Äbte des Klosters eine starke Stellung. Die Klöster zogen Mönche aus Britannien an, die dann die Predigtarbeit in der Umgebung übernahmen. Und auch Nonnen wurden von Bonifatius zur Arbeit in Deutschland eingeladen: Lioba wurde Äbtissin des Klosters Tauberbischofsheim, und Walburga, Schwester des Bonifatius-Schülers Willibald, Äbtissin des Klosters Heidenheim.

Dass sich Bonifatius insgesamt viermal in Rom der Autorität des Papsttums unterstellte, entsprach nicht nur persönlicher Neigung, sondern zeigte kirchendiplomatische Klugheit. Als in Rom geweihter Erzbischof konnte er nun selbst Bischöfe einsetzen. Hier sind Erfurt und Würzburg als neue Bischofssitze zu nennen, aber genauso Eichstätt, das ein Kloster mit einem Bischof als Abt war. Der Erste, der hier residierte, war Willibald. Die Errichtung dieser Bistümer war ein Novum, da sie nicht mehr in Städten lagen, sondern sich um sie herum erst im Laufe der Zeit Städte entwickelten. Bonifatius wurde 747 schließlich Bischof von Mainz, einer Stadt mit bis in die Römerzeit zurückreichender Tradition.

Nachdem Karl Martell im Jahr 741 gestorben war, traten seine Söhne Karlmann und Pippin seine Nachfolge an und betrieben mit der Hilfe des Bonifatius eine durchgreifende Reorganisation und Reform der Kirche in den kirchlich neu erschlossenen Gebieten. Im Jahr 743 fand eine Versammlung an einem nicht mehr zu ermittelnden Ort statt, die seit der Neuzeit *Concilium Germanicum* genannt wird. Es gab nur sieben Teilnehmer: Neben Bonifatius, der hier als päpstlicher Gesandter erwähnt wird, waren dies die Bischöfe von Würzburg, Eichstätt, Erfurt und Büraburg – mithin Männer, die Bonifatius persönlich verpflichtet waren – sowie die Bischöfe von Straßburg und Köln. Verabschiedet wurde ein Kirchenreformprogramm, das wie so häufig vor allem die Geistlichen betraf, die mit einer Frau zusammenlebten, sich kirchlichen Besitz angeeignet hatten oder Waffen trugen, und sei es zur Jagd. Die Priester wurden zum Gehorsam gegenüber dem Bischof verpflichtet, und sie sollten in ihren Gemeinden wohnen. Die Bischöfe wiederum sollten einmal im Jahr eine Reise durch die Gemeinden unternehmen, um die Firmung zu spenden und die Amtsführung des Priesters zu prüfen. Unbekannte Priester und Bischöfe sollten durch regelmäßig stattfindende Synoden, also Versammlungen von Geistlichen, überprüft werden. Deutlich wird aus den Beschlüssen, dass es auch „falsche" Kleriker gab, das heißt Priester, die gar keine waren oder ihr Amt in schlechter Weise versahen. Viele Geistliche waren fahrende Gesellen, kamen aus Klöstern, aus anderen

Bonifatius fällt die Donar-Eiche bei Geismar im Jahr 724; Farblithografie nach einem Fresko von Heinrich Maria von Hess, um 1900.

Gegenden des Frankenreichs oder aus England, und unter ihnen gab es offenbar Betrüger. Eine geregelte Ausbildung existierte ja nicht, und es gab keine Abschlusszeugnisse und Urkunden über die Priesterweihe. Einer Regulierung des klösterlichen Lebens diente die Verpflichtung auf die Regel Benedikts von Nursia. Freilich blieb vieles, was hier beschlossen wurde, Theorie, so wie es die Beschlüsse späterer mittelalterlicher Synoden blieben.

Die Mittelstellung des Bonifatius in der Mission und Kirchenorganisation, die durch die Päpste und die auf-

strebenden Karolinger abgesichert worden war, wurde in dem Moment überflüssig, als Päpste und Karolinger in Gestalt von König Pippin und Papst Stephan II. in Bonifatius' Todesjahr ein direktes Bündnis eingingen.

Bonifatius bei der Taufe von Germanen (links) und bei seinem Märtyrertod in der Nähe von Dokkum im Jahr 754 (rechts), Buchmalerei, 975

Die Mission als Teil des Aufbaus und Ausbaus des Reiches

Ein neues Bündnis: die Frankenkönige und der Papst

Correctio: Karl der Große reformiert die Kirche

Das Sachsenland: Unterwerfung und Mission

Von Paderborn bis Bremen, von Hamburg nach Haithabu: Norddeutschland wird christlich

Die Mission östlich der Elbe

Das Europa der christlichen Könige

„Zwingt sie herein!": Gewalt als Mittel der Mission

Dieses Gemälde von Wojciech Gerson (1866) zeigt eine Szene des Wendenkreuzzugs, einer der gewaltsamsten Missionsmaßnahmen von deutscher, polnischer und dänischer Seite gegen die nordöstlich der Elbe siedelnden Slawen (Wenden).

Nordsee

MERCIA
Leicester

WALES

Dunwich

WESSEX

London

Exeter   Canterbury

Atlantischer
Ozean

Boulogne
Quentowik   St. Omer
St. Riquier

Gent   Maastricht
Herstal
Cambrai   Lüttich

AUSTRI

St. Wandrille-
Fontenelle   Rouen   Quierzy

Lisieux   Compiègne   Soissons   Attigny

Bretagne
786/99 fränk.

FRANZIEN

St. Denis   Ver
Paris   Chelles   Reims   Metz

Seine

BRETON.
MARK

Le Mans   Orléans   Sens   Troyes

Noirmoutier

Angers   Germigny-
des-Prés   Auxerre

Tours

Poitiers   Bourges   Nevers   Besanç

Chasseneuil

BURGUND

Chalon

Das Reich Karls des Großen

Frankenreich im Jahr 768
Erwerbungen Karls d. Gr.
Grenzmarken
Fränkisches Einflussgebiet
Karolingische Pfalzen
Verkehrs- und Handelswege

Angeac   Mornac
Angoulême

Lyon   Gr. St. Be

Bordeaux   AQUITANIEN   Mt. C

Rhône

KGR.
ASTURIEN

Gascogne

Avignon

Roncesvalles   Toulouse   Aniane   Arles

Burgos   Pamplona   Gellone
Narbonne   Provence

Ebro   SPANISCHE   Septimanien   Marseille

MARK

Tudela

812 fränk.

Zaragoza

EMIRAT VON CORDOBA   Tarragona   Barcelona

Mittelmeer

Toledo   Tajo   0   50   100   150 km

Friesland

Rerik

Abodriten

Bremen

Verden

Bardowiek

Elbe

SACHSEN

Osnabrück

Minden

Heveller

Polanen

Weichsel

Münster

Hildesheim

Magdeburg

Lausitzer

Dedositzen

Paderborn

Halberstadt

Milzanen

Oder

Verden

Dortmund

Eresburg

Halle

Sorben

Opolinen

sen

Köln

SORB.
MARK

Wislanen

Hersfeld

Fulda

Elbe

Prag

Koblenz

Salz

Böhmen

Mainz

Frankfurt

Hallstadt

Mähren

Brünn

Jablunkapass

elheim

Trebur

Würzburg

Worms

Lorsch

Forchheim

Speyer

Eichstätt

Regensburg

Straßburg

Rhein

Donau

Passau

Mautern

Freising

Kremsmünster

Mittelzell
(Reichenau)

Mattsee

Wessobrunn

PANNONIEN

Salzburg

Basel

Konstanz

Zürich

St. Gallen

Einsiedeln

Brenner

Innichen

KARANTANIEN

Awaren

Bulgaren

Theiß

M. Friaul

Trient

Cividale

Drau

Aquileja

Vercelli

Mailand

Verona

Grado

Save

Ivrea

Pavia

Po

Venedig

Kroaten

Turin

Piacenza

Serben

KGR. ITALIEN

Bologna

Ravenna

Genua

Zara

Lucca

Rimini

Florenz

Spalato

Korsika

PATRIMONIUM
S. PETRI

Spoleto

Hzm.
Spoleto

Adria

Ragusa

San Andrea
al M. Soratte

Rom

Monte Cassino

An den Randzonen des Frankenreiches, das sich mittlerweile weit über den Rhein hinweg in Richtung Osten erstreckte und aus dem sich bald ein ostfränkisches, also deutsches Reich herausbilden sollte, lässt sich zeigen, wie sich die Ziele der Mission in politischer Hinsicht veränderten: Je mehr die fränkischen Hausmeier, das Geschlecht der Karolinger, die Herrschaft über das Frankenreich in ihre Hand bekamen, desto mehr wurde vor allem Friesland zu einer Art Musterland der Verbindung von territorialer Expansion und Ausbreitung des Christentums. Das aber heißt nicht in erster Linie, dass die Mission gewaltsam erfolgte oder „nur" politischen Zielen diente, sondern dass sich inzwischen im Frankenreich die Kirche als integraler Bestandteil der politischen Ordnung gefestigt und sich das Christentum als für die Gesellschaft normative Religion etabliert hatte. Das eben sollte auch auf Friesland übertragen werden. Die Verhältnisse waren hier instabil und schienen zu Interventionen von außen einzuladen: Die Herrschaft hatten Männer wie Radbod in der Hand, die ihre Macht eher noch in der Weise ausübten, wie sie den älteren germanischen Herrschern eigen gewesen war: stark personal und durch das Heer vermittelt. Radbod war jedoch zugleich eine Übergangsgestalt: Er wurde aus fränkischer Sicht als durchaus dem Christentum zugeneigt beschrieben, und so wurde ihm in der rund ein Jahrhundert nach seiner Lebenszeit verfassten Vita des Bischofs Wolfram von Sens etwa angedichtet, er habe kurz vor der Taufe gestanden, sei allerdings zurückgeschreckt, als er erfahren habe, dass seine Vorfahren in der Hölle schmorten und er von ihnen getrennt sein würde, wenn er sich taufen ließe.

Nach wie vor spielte das Erbe der römischen Kultur eine Rolle, selbst wenn es um Friesland ging – dies sollte bei der Mission nördlich und östlich der Elbe dann ganz anders sein. Nicht zufällig nämlich waren für Radbod Städte mit römischer Vergangenheit wie Utrecht oder das später von den Wikingern vernichtete Dorestad wichtig, die von den Friesen in ihren Kämpfen mit den Franken erobert wurden, um sie für sich selbst zu nutzen, danach aber wieder an die Franken verloren gingen. Die Kämpfe um die alten römischen Zentren intensi-

vierten sich noch im Zuge der Selbstermächtigung der karolingischen Hausmeier. Die endgültige Eroberung Frieslands gelang schließlich erst im Zuge der Sachsenkriege Karls des Großen und somit im Zuge einer Expansionsbewegung, die nicht mehr auf Grenzkonflikte und die Erzwingung der Anerkennung fränkischer Autorität aus war, sondern auf territoriale Einverleibung.

Was für die Friesen gilt, gilt nicht weniger für die Bayern (und für die Alamannen), die nicht mehr nur in Abhängigkeit von fränkischer Herrschaft standen, sondern ihr unterworfen wurden. Tassilo, der letzte bayrische Herzog, ordnete das Kirchenwesen und ging wie die Karolinger ein Bündnis mit den Päpsten ein, doch kamen er und sein Land durch Karl den Großen vollends unter fränkische Oberhoheit. So erging es auch den Karantanen, die sich im 6. Jahrhundert in Kärnten angesiedelt und das römisch-christliche Erbe erst einmal ausgeschlagen hatten. Die Franken trieben nach der Einverleibung Bayerns die Missionierung der Karantanen vom Bistum Salzburg aus voran, das in seiner Stellung dadurch erheblich gestärkt und zu einem Erzbistum aufgewertet wurde.

Widerspenstiger als die Karantanen waren die Awaren, die von Karl dem Großen ähnlich wie die Sachsen heftig bekämpft wurden. Sie waren als eine Art Nachhut der Völkerwanderung aus dem Osten gekommen und ein dauernder Unruhefaktor. Den Byzantinern hatten sie schon das Leben schwer gemacht, und im Westen angekommen paktierten sie mit dem Bayernherzog Tassilo und mit den Langobarden – Feinden Karls des Großen also. In den Jahren 795 und 796 gelangen den Franken entscheidende Erfolge, so dass die Awaren sich unterwerfen mussten und dann ebenfalls das Christentum annahmen. Auf einer Synode im Jahr 796, deren Ort unbekannt ist (der Überlieferung zufolge fand sie „an den Ufern der Donau" statt), wurden Regeln für die Missionierung aufgestellt: Ohne Glauben sollte keine Taufe erfolgen, vor der Taufe sollte eine mehrwöchige Belehrung über die Inhalte des Glaubens und die Wirkung der Taufe stehen, und auch nach der Taufe sollten die Getauften weiter unterrichtet werden, nämlich über die Gebote Gottes. Damit war zumindest ansatzweise das

Der Friesenkönig Radbod widersetzt sich der Taufe; kolorierter Kupferstich von Matthäus Merian d. Ä., 1630.

Rom im frühen Mittelalter

Wer zur Zeit eines Bonifatius nach Rom kam, sah nicht mehr die Millionenstadt der Antike vor sich. Schon in der Spätantike hatte sich das Zentrum nach Mailand verlagert, und der Ostgotenkönig Theoderich residierte später in Ravenna. Im Zuge des Zerfalls des Weströmischen Reiches hatte sich die Bevölkerung vermindert, und nach dessen Ende beschleunigte sich dieser Prozess. Infrastruktur und öffentliche Gebäude (wie Thermenanlagen und Aquädukte) verfielen, Tempel blieben leer, die Lebensmittelversorgung funktionierte nicht mehr. Zugleich befestigten die Bischöfe von Rom ihren Einfluss in der Stadt, deren Bild zunehmend von Kirchen geprägt wurde. Anziehung übte Rom nun als Stadt der Heiligen Petrus und Paulus aus, als Wallfahrtsort und Zentrum kirchlichen Lebens. Die römischen Bischöfe wurden zu Päpsten im mittelalterlichen Sinne, mit einem starken Sendungsbewusstsein, das auch Resonanz fand, wenn es etwa um Beauftragungen für die Mission oder um die Vereinheitlichung der Liturgie ging. Andererseits war der römische Einfluss nicht überall gern gesehen, denn Erzbischöfe wie der Mainzer entwickelten ihr eigenes Selbstbewusstsein. Die erste Papstgestalt im mittelalterlichen Sinne war um 600 Gregor der Große, der die Verhältnisse in der Stadt Rom konsolidierte, deren Einwohnerzahl sich auf ungefähr 100 000 reduziert hatte. Mit dem Zugewinn von Territorialbesitz in Mittelitalien entstand der Kirchenstaat als weltliche Grundlage päpstlicher Herrschaft.

Modell des antiken Taufunterrichts (des Katechumenats) wieder aufgenommen worden. Die Taufe sollte zudem möglichst nur zu Ostern und Pfingsten erfolgen, sofern sich der Täufling nicht in Lebensgefahr befinde. Eine Taufe ohne vorherige Belehrung und ohne Glauben, bei der nur das Wasser den Körper gewaschen hatte, sollte nicht als gültig anerkannt werden, da hier der Heilige Geist nicht wirksam sei.

Insgesamt wurde trotz aller spezifisch regionalen Entwicklungen, wie etwa das Beispiel des Bonifatius und anderer zeigt, die Bindung an Rom bedeutsam: Die irischen, vor allem aber die angelsächsischen Missionare hatten ihre Arbeit in enger Bindung an das Papsttum getan. Da sie nicht lediglich missionierten, sondern außerdem das bestehende Kirchenwesen festigten, erfolgte dessen Ausrichtung auf das Papsttum geradezu zwangsläufig. Damit entwickelte sich eine Kirchenorganisation, die nicht mehr allein auf einzelne Staaten bezogen war, sondern eine europäische Dimension hatte. Zusammen mit der lateinischen Sprache und dem vorchristlichen wie christlichen römischen Erbe war dies das Fundament des westeuropäischen Mittelalters.

An der Basis war die Kirchenorganisation nun personell und institutionell schon recht flächendeckend, so dass viele Dörfer eine Kirche hatten, die freilich nicht größer war als ein einfaches Holzhaus. Die kirchliche Führungsschicht – also Bischöfe und Äbte (ebenso wie Äbtissinnen) – war in den Missionsgebieten stark mit Angelsachsen durchsetzt. Die Klöster bildeten Inseln von Zivilisation, Bildung, Theologie und dem Anspruch auf eine vollkommene Lebensführung. Über 200 Jahre nach der Taufe Chlodwigs ist von einer durchgreifenden Christianisierung der fränkischen Gebiete westlich des Rheins auszugehen, und auch die Zeugnisse aus den östlichen Gebieten bis hin zur Elbe (in denen die Missionare ja oft bereits auf getaufte Christen trafen) lassen auf eine rapide zunehmende Durchdringung mit dem christlichen Glauben schließen. Davon zeugt unter anderem die Grabkultur, die inzwischen häufig ohne Grabbeigaben für das Jenseits auskam.

Papst Gregor der Große, französische Buchmalerei, um 1170/80

Ein neues Bündnis: die Frankenkönige und der Papst

Den im Schatten der Merowingerkönige erstarkten Karolingern fehlte zu ihrer Macht noch die Würde des Königtums. Es war Pippin der Jüngere, der entschlossen danach griff und sich dazu eines Bündnispartners bediente, der zuvor schon kirchlich, jetzt aber zudem politisch in Aktion getreten war: Bei den Päpsten lag die Kompetenz, die sakrale Legitimation der Merowinger auszuschalten und sie an die Karolinger zu übertragen. Pippins Anfrage an Papst Zacharias, ob das Königtum ohne Macht Existenzberechtigung habe, wurde mit Nein beantwortet und so faktisch mit der Übertragung der Königswürde an Pippin. Zwar ließen sich vom fernen Rom aus keine Könige einsetzen, doch eine äußere Legitimation für die Salbung Pippins zum König im Jahr 751 war damit gegeben. Die Salbung soll Bonifatius vorgenommen haben, allerdings sind die genauen Umstände nicht zu ermitteln. Die Reichsannalen, die den entsprechenden Bericht enthalten, sind erst um 790 verfasst worden, und es könnte sich auch um einen Versuch handeln, die Absetzung des letzten Merowingerkönigs Childerich im Nachhinein mit einer kirchlichen Einverständniserklärung zu rechtfertigen.

Das Bündnis Pippins mit dem Papst beruhte auf Gegenseitigkeit: Während die Päpste Pippins Herrschaftsanspruch stützten, bot dieser ihnen Rückendeckung gegen die Langobarden, die in Italien expandierten und dabei jene päpstlichen Besitzungen bedrohten, die die Keimzelle des Kirchenstaates ausmachten. Bisher hatten die Byzantiner in Norditalien eine starke Stellung gehabt, was bis heute an den Kirchen in Ravenna abzulesen ist, sie hatten aber den Langobarden weichen müssen. Als Schutzmacht kamen jetzt nur noch die Franken infrage.

Im Todesjahr des Bonifatius, 754, kam es zu einer Begegnung, die entscheidend für die folgende Geschichte des Mittelalters werden sollte: Papst Stephan II. reiste ins

Pippin der Jüngere wird von Bonifatius zum König gesalbt; kolorierter Kupferstich nach Johann Michael Mettenleiter, 1823.

Die Karolinger

Pippin der Mittlere, gestorben im Jahr 714, war der Erste, der die Macht im Frankenreich unwiderruflich von den Merowingern übernommen hatte. Namensgebend für das neue Königsgeschlecht wurden aber Karl Martell, gestorben 741, und letztlich Karl der Große. Karl Martell war es erst, der die zentrifugalen Kräfte im Frankenreich bändigen, Bayern und Alamannen enger an das Reich anschließen und Friesland hinzugewinnen konnte. Durch ihn wurden zudem die Gebiete östlich des Rheins und somit die Missionsgebiete eines Bonifatius fester an das Reich gebunden. Wohl eher überschätzt wird sein Sieg bei Tours und Poitiers im Jahr 732 gegen die von Spanien anrückenden muslimischen Araber. Hier ging es nicht um die Rettung Europas, sondern um einen regional begrenzten Konflikt, der sich aus späterer Sicht freilich größer ausnahm. Karl Martells Söhne Karlmann und vor allem Pippin der Jüngere bereiteten dann den Weg für den Aufstieg Karls des Großen. Pippin der Jüngere war es, der den letzten Merowingerkönig im Jahr 751 ins Kloster schickte. Den Höhepunkt karolingischer Herrschaft stellten Karl der Große und sein Sohn Ludwig der Fromme dar. Mit Ludwigs Tod 840 und dem Vertrag von Verdun drei Jahre darauf, mit dem seine Söhne das Reich unter sich aufteilten, beginnt letztlich auch im territorialen Sinne eine „deutsche" Geschichte, jedenfalls eine Geschichte des ostfränkischen Reiches, dessen erster Herrscher Ludwig der Deutsche war. Der letzte Karolinger, Ludwig das Kind, starb im Jahr 911.

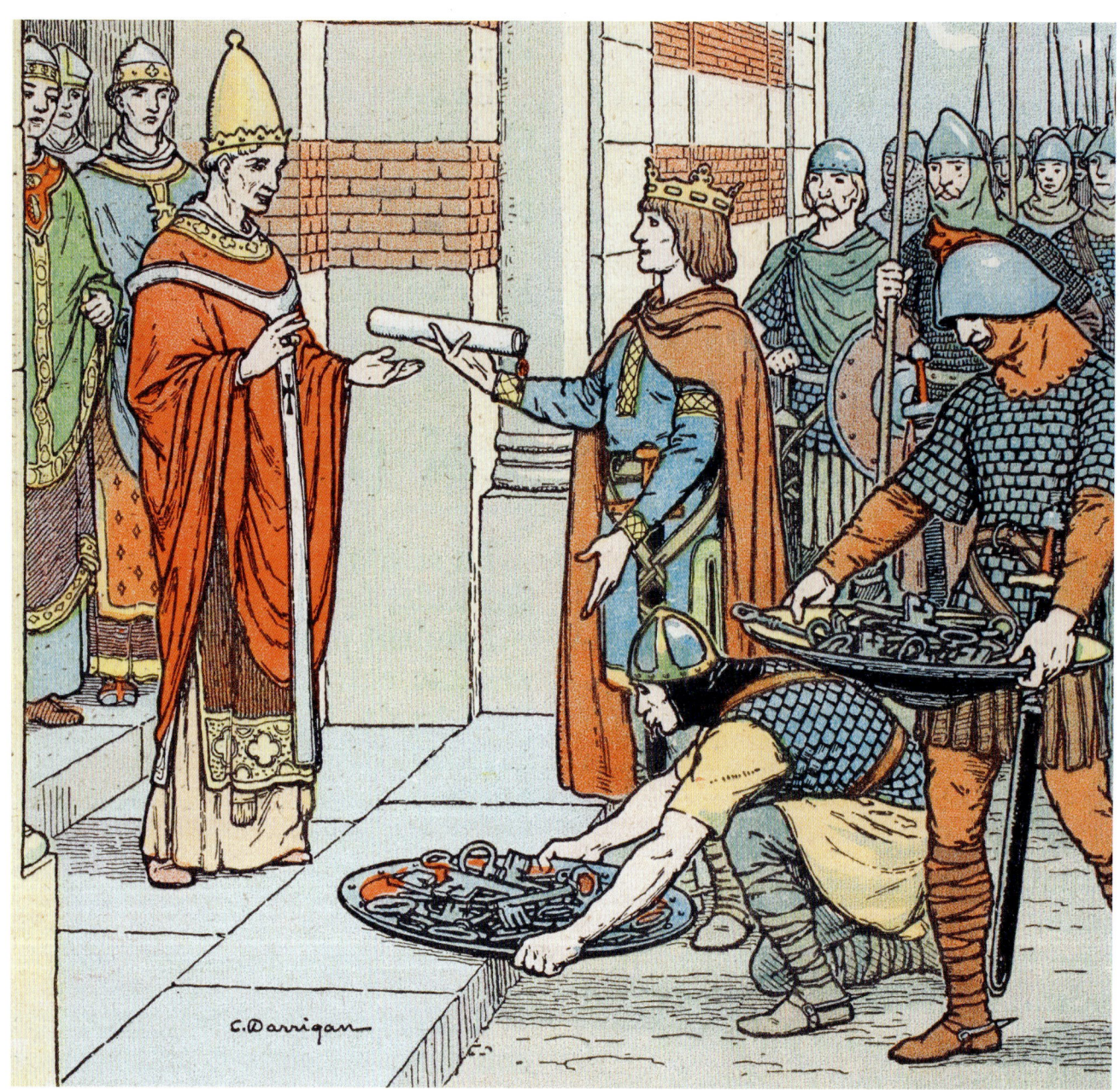

Pippin übergibt Papst Stephan II. die von den Langobarden zurückgewonnenen Gebiete, darunter das Exarchat von Ravenna; Farblithografie, um 1890.

Frankenreich und traf sich zweimal mit Pippin, in Ponthion und in Quierzy, wo es königliche Pfalzen, also Residenzen gab. Das erste Treffen fand am Epiphaniastag statt, und Pippin empfing den Papst mit einem Kniefall und dem symbolischen Stratordienst, bei dem er das Pferd des Papstes am Zügel führte. So verhielten sich üblicherweise Va-

sallen ihrem Lehnsherrn gegenüber. Beim zweiten Treffen versprach Pippin, dem Papst die ehemals byzantinischen Gebiete in Italien zu schenken, die er von den Langobarden erobern würde. Diese „Pippinsche Schenkung" wurde zwar nie vollends vollzogen, bildete allerdings die Vorlage für die Annahme einer bedeutend größeren „Konstantinischen Schenkung", die viele Jahrhunderte zuvor von Kaiser Konstantin dem Papst versprochen worden sei – doch dies gehört eher in den Bereich der fiktionalen Literatur. Aus dem fränkischen Engagement leitete sich auch eine besondere Stellung der fränkischen Könige und späteren Kaiser als Schutzmacht Roms ab. Der Dank des Papstes bestand in einer erneuten Salbung Pippins und seiner Söhne Karl und Karlmann. Der Plan ging auf: Pippin besiegte die Langobarden und versprach nochmals, den Papst mit den eroberten Gebieten in Italien zu beschenken. Dies war die endgültige Begründung der weltlichen Herrschaft des Papstes, mithin des Kirchenstaates. Dass dieses Bündnis nicht von allen Eliten des Frankenreiches getragen wurde und manche ein Bündnis mit den Langobarden bevorzugt hätten, muss freilich hinzugefügt werden.

Das Bündnis zwischen den neuen fränkischen Königen und den Päpsten verstärkte natürlich zugleich die Rombindung der fränkischen Kirche. Dies galt ebenfalls für die gottesdienstlichen Formen. Nach innen hin wurden die von Bonifatius angestoßenen Reformen fortgesetzt, die vor allem eine verstärkte Kontrolle der Mönche und Geistlichen beinhalteten. Auch in Ehedingen ging man auf Synoden stark regulativ vor und versuchte die bestehenden Praktiken kirchlich zu kontrollieren. Das betraf nicht zuletzt die Aufhebung der bestehenden Möglichkeit der Ehescheidung.

Als Pippin 768 starb, übernahmen seine Söhne Karlmann und Karl die Herrschaft. Karlmanns Tod im Jahr 771 beendete die zwischen den Brüdern bestehenden Konflikte und machte Karl zum Alleinherrscher. Nach kurzem Zögern leistete er dem von den Langobarden bedrängten Papst – das war nun Hadrian I. – wiederum Hilfe und machte dem Langobardenreich mit der Eroberung der Hauptstadt Pavia im Jahr 774 den Garaus. Karl war damit „König der Franken und Langobarden" und übernahm jenen Titel, den die Päpste schon Pippin hatten andienen wollen: *Patricius Romanorum*, also „Schutzherr der Römer". Karl zog nach seinem Sieg über die Langobarden in Rom ein. Hier feierte er das Osterfest und erneuerte das von Pippin gegebene Schenkungsversprechen, das dann aber nur in beschränktem Maße umgesetzt wurde. So oder so war das Bündnis zwischen Karl und den Päpsten jedoch fest geschlossen, so dass die kirchlichen Dinge im Frankenreich und somit in dessen später deutschem Teil in Anlehnung an Rom geregelt wurden.

Correctio: Karl der Große reformiert die Kirche

Karl übte seine Herrschaft nicht ohne ein Programm aus, das der Legitimation seiner Politik diente, in weltlichen wie in kirchlichen Dingen. Verantwortlich für dieses Programm waren in erster Linie seine Berater, unter denen Alkuin besonders hervorragt. Alkuin war der Herkunft nach Angelsachse. Er war in York Leiter der Domschule gewesen und von Karl an seinen Hof in Aachen berufen worden, wo er unter anderem für den Schulbetrieb zuständig war. Alkuins Verbindungen nach England rissen im Übrigen nicht ab; er war ein „europäischer" Gelehrter. Er war es auch, dem sich wesentlich das verdankt, was man seit dem 19. Jahrhundert die „karolingische Renaissance" nennt, wobei es sich im Gegensatz zur Renaissance in der Frühen Neuzeit aber nicht um eine echte Wiederbelebung der antiken Literatur und Kultur handelte, sondern eher um eine Sicherung und Neunutzung dessen, was um das Jahr 800 vom antiken Erbe noch übrig war. Sachgemäßer ist es darum, von der „karolingischen Reform" zu reden. Für das Programm typisch ist die *Epistola de litteris colendis* aus dem Jahr 784/85, die die Beschäftigung mit Literatur, vor allem mit geistlicher, einschärft und dazu auffordert, ordentlich zu lesen und zu schreiben. Ein guter und wichtiger Inhalt bedurfte eben einer korrekten Form, und ein Fehler im Wortlaut konnte leicht einen sinnentstellenden Fehler im Text nach sich ziehen.

Die karolingische Reform betraf die Sichtung und Verbesserung antiker Texte, und dazu gehörte die lateinische Bibelübersetzung, die *Vulgata*, die in der Spätantike entstanden war und nun auf Alkuins Initiative hin durchgesehen wurde. Erst jetzt wurde diese Fassung der lateinischen Bibelübersetzung normativ; bis dahin waren genauso ältere antike Fassungen in Gebrauch gewesen. Angeknüpft wurde ferner an die antike beziehungsweise frühbyzantinische Architektur: Die Aachener Pfalzkapelle hatte die Kirche San Vitale in Ravenna zum Vorbild. Nicht zuletzt jedoch war die Vereinheitlichung der Schrift durch die karolingische Minuskel ein bedeutender Fortschritt: eine Kleinbuchstabenschrift, die die Texte nach ihrem Abschreiben besser lesbar machte. Durch Alkuin und andere Gelehrte fand man im Frankenreich außerdem erneut Anschluss an theologische Debatten, zum einen, indem die antike Tradition wieder befragt wurde, zum anderen durch Querverbindungen zum Byzantinischen Reich.

Alkuin schrieb im Jahr 796 in einem Brief an Karl, die ganze heilige Kirche sei Gott dank-

bar, dass er dem christlichen Volk ein Oberhaupt und einen Verteidiger geschenkt habe, der danach eifere, das Verdorbene zurechtzubringen (*corrigere*), das Rechte zu stärken und das Heilige zu erhöhen, und der Freude daran habe, den Namen des erhabenen Gottes in viele Länder zu verbreiten. Für Alkuin war Karl ein neuer David, also ein König mit einer sakralen Legitimation und einer sakralen Aufgabe. In demselben Licht dürfte

Blick von Süden auf den Aachener Dom und die Stadtpfarrkirche St. Foillan

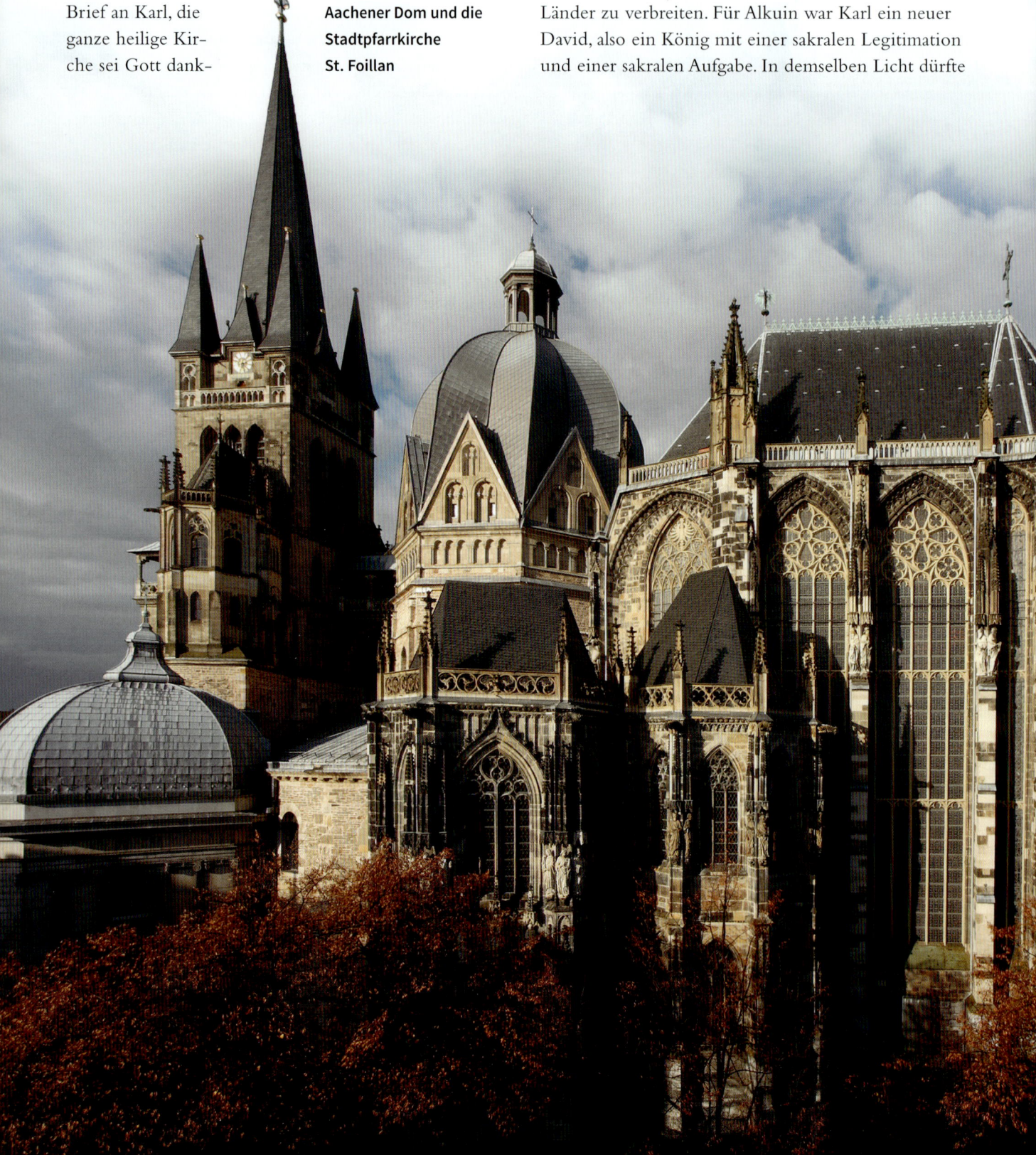

sich Karl selbst gesehen haben: als einen Herrscher mit einer politischen wie einer christlichen Mission. Das Christentum als Religion und die Kirche als Organisation hielten ein Reich zusammen, das östlich des Rheins ganz verschiedene Gebiete vereinte, die keine gemeinsame Geschichte und keine gemeinsame kulturelle Basis hatten. Dass das unter Karl so groß gewordene Frankenreich schon bald in eine West- und eine Osthälfte zer-

fiel, zeigte freilich, dass auch Christentum und Kirche dem politischen Projekt Karls keine Dauer verleihen konnten.

Im Jahr 789 schickte Karl die *Admonitio generalis*, eine „generelle Vermahnung" an die Bischöfe des Reiches, die ein ähnliches Programm wie das von Alkuin formulierte enthielt. Es war den Adressaten entsprechend auf das kirchliche Leben bezogen und speiste sich im Wesentlichen aus dem Kirchenrecht, wobei ausdrücklich auf die Beschlüsse altkirchlicher Synoden Bezug genommen wurde. Deutlich wird hier, dass die Kirche als entscheidendes Fundament des Reiches begriffen wurde. Karl sah sich in der Rolle des alttestamentlichen Königs Josia, der eine tief greifende Kultreform durchgeführt und den Tempel in Jerusalem ausgebessert hatte. Korrigieren, ermahnen und zur Verehrung des wahren Gottes zurückrufen: Das waren die Aufgaben eines Karl wie eines Josia. Unter den vielen Vorschriften waren ebenfalls solche, die bereits eine Tradition hatten, etwa die Ermahnung an die Bischöfe, das kirchliche Leben und folglich auch die Priester zu beaufsichtigen. Umfassend wird hier das angegangen, was bereits für Bonifatius ein wesentliches Thema war. Klar erkennbar ist nun eine ausgebaute hierarchische Organisation von Bischöfen und Priestern. Insgesamt herrschte die Tendenz, das kirchliche Leben nicht nur zu ordnen, sondern zu sakralisieren und mithin Kirchen, Altäre und liturgisches Gerät aus dem weltlichen Bereich auszusondern. Dies galt in gleicher Weise für die Kleriker, die der weltlichen Rechtssphäre entzogen wurden und sich allein der kirchlichen Gerichtsbarkeit stellen sollten. Zudem wurde ihnen noch einmal das Tragen von Waffen verboten. Die Kleriker hatten in ihrem Leben Vorbild für die Gläubigen zu sein, wozu etwa die Gründung von Schulen beitragen sollte. Der Gottesdienst, der nach römischem Vorbild gehalten werden sollte, wurde gestärkt und in ihm die Predigt, die insbesondere das christliche Liebesgebot zum Thema haben sollte, aber genauso das Glaubensbekenntnis und in diesem Zusammenhang die ewige Verdammnis, die bei schweren Sünden drohte.

Die Sakralisierung hatte überdies Folgen für die Frauen, denn ihnen wurde – mit Bezug auf altkirchliche Regelungen – der Zugang zum Altar ausdrücklich verwehrt. Kritisiert wurde, dass Äbtissinnen Männern die Hände auflegten und sie mit dem Zeichen des Kreuzes segneten. Der Zölibat wurde ohnehin eingeschärft. Wiederum mit

Die Kaiserkrönung Karls des Großen durch Papst Leo III. am 25. Dezember 800 in Rom, französische Buchmalerei, 14. Jh.

Rückgriff auf eine antike Synode wurden Homosexuali-tät (unter Männern) und Sodomie in einem Atemzug genannt und als „widernatürlich" verurteilt. Vieles jedoch, was hier als Missstand angesehen und bekämpft wurde, blieb das ganze Mittelalter über bestehen, ob es nun die mangelhafte Befolgung des Zölibats war oder die weltli-chen Geschäfte von Klerikern.

Anders als Alkuin war Einhard ein „Deutscher", der im Kloster Fulda aufgewachsen war und im Kloster Seli-genstadt starb. Er war einer der wenigen Prominenten am Hof Karls, die nicht aus England oder den älteren Reichs-teilen westlich des Rheins kamen. Einhard, der zugleich der Hofarchitekt war, verfasste nach Karls Tod dessen Vita, die wie die Heiligenviten nicht nur historisch-biografisch angelegt ist, sondern Karls Ruhm für die Nachwelt si-chern sollte. Einhards Vita verdankt sich ebenso ein Be-richt über Karls Krönung zum Kaiser im Jahr 800.

Unter Karl dem Großen wurde das Gebiet des späte-ren Deutschlands, soweit es zum Frankenreich gehörte, kirchlich durchorganisiert. Nun entstand die Vormacht der für das gesamte Mittelalter und bis in die Frühe Neuzeit hinein bedeutsamen Erzbistümer der alten Rö-

merstädte Köln, Mainz und Trier, deren Einflussbereich weit über ihre Bistumsgrenzen hinausreichte. Angestrebt wurde ein kirchlicher Anschluss an Rom, und die Kir-chensprache war das Lateinische, doch hier und da sind einige „deutsche" Traditionen erkennbar, nämlich Texte, die auf Fränkisch, Alemannisch oder Bayrisch erhalten sind. Ein Beispiel dafür sind Varianten des Vaterunsers, ein anderes der *Heliand*, eine Zusammenfassung der Evangelien aus dem 9. Jahrhundert in altsächsischer Sprache. Wichtige kirchliche Entscheidungen fielen jetzt bereits auf später deutschem Boden. Ein zentrales Ereig-nis in diesem Zusammenhang war eine Synode, die 794 in Frankfurt stattfand und auf der eine ganze Reihe von kirchenorganisatorischen und theologischen Fragen ent-schieden wurde. Zugegen waren hier Kirchenvertreter aus ganz Europa.

Karls Sohn Ludwig, schon bald „der Fromme" ge-nannt, führte die Reformen fort, und auch er sah sich der Kirche und dem christlichen Gott gegenüber besonders verpflichtet. In gewisser Weise vollendete er letztlich die Reformen Karls, indem er den unverfälschten Text der Benediktsregel durchsetzte.

Der *Heliand*

Thema des *Heliands*, einer Stabreimdichtung in alt-sächsischer Sprache aus dem 9. Jahrhundert, ist das Leben Jesu, des „Heilands". Der Text, dessen älteste Handschrift aus dem Kloster Corvey stammt, ist also in der Volkssprache abgefasst. Er basiert allerdings auf einer antiken Vorlage, und zwar auf der Evange-lienharmonie des Tatian aus dem 3. Jahrhundert, die auch schon ins Althochdeutsche übersetzt worden war. Originell ist die Beheimatung der Handlung in der Lebenswirklichkeit des Mittelalters. Im 20. Jahrhun-dert wurden solche Anpassungen als Germanisierung des Inhalts interpretiert, doch bleibt der Inhalt der bi-blische, er wird nur in Einzelheiten angepasst: Wo die Evangelien Jesus sich in die Wüste zurückziehen las-

sen, ist es im *Heliand* ein dichter Laubwald. Die Städte sind Burgen, und die Hirten auf dem Felde bewachen Pferde. Keineswegs ist dagegen eine Germanisierung Jesu im Sinne einer Heroisierung oder gar eine Trans-formation des biblischen Stoffes ins Heidentum zu finden. Christus wird zwar als König dargestellt, weil er eben nicht allein Mensch, sondern zugleich Gott ist, doch wird das Leiden am Kreuz dem biblischen Vorbild gemäß geschildert. Der *Heliand* interpretiert somit die Überlieferung der Evangelien, entstellt sie aber nicht. Sein Anliegen ist offenbar ein missionarisches, und dies war sicher im Sinne des in der Vorrede genann-ten Auftraggebers, der entweder Ludwig der Fromme oder dessen Sohn Ludwig der Deutsche war.

Das Sachsenland: Unterwerfung und Mission

Die Unterwerfung und Missionierung der Sachsen ist bis heute in der Wahrnehmung vieler das Schlüsseler-eignis der Missionsgeschichte Deutschlands. Das Gebiet der Sachsen erstreckte sich zwischen dem fränkischen Herrschaftsgebiet und der Elbe, umfasste also ungefähr das heutige Niedersachsen und Westfalen. Südlich davon waren die später deutschen Gebiete bereits unter frän-kische Herrschaft gekommen und vom Christentum beeinflusst – jedenfalls gab es Klöster, Bischofssitze und eine Durchdringung der Landbevölkerung mit dem Christentum. Städte mit Ausnahme der Siedlungen um die Bischofskirchen existierten ohnehin noch nicht. Pip-pin der Jüngere hatte im Jahr 747 einen ersten Vorstoß Richtung Osten ins Sachsenland unternommen und war bis an die heutige niedersächsische Ostgrenze zu dem Ort Schöningen gekommen, der damit der ersterwähnte im Braunschweiger Land ist. Etwas rätselhaft ist freilich der in diesem Zusammenhang erwähnte Fluss Missaha, der nur mit einem Bächlein, der Schöninger Au, zu identifizieren ist. Dieser Vorstoß hatte allerdings zunächst keine Be-deutung für die Christianisierung der Sachsen, vielmehr ging es Pippin darum, in den Kämpfen um das Erbe Karl

Martells seinen Halbbruder Grifo auszuschalten, der sich seinem Zugriff durch Flucht entzogen hatte. Recht früh fand dann aber doch die Christianisierung dieses Gebie-tes statt; für das Jahr 780 ist in Ohrum an der Oker eine Massentaufe bezeugt. Das nahe gelegene Helmstedt wie-derum erhielt mit dem Ludgeri-Kloster, das in enger Ver-bindung mit der Schwesterabtei Werden stand, eine starke kirchliche Präsenz. In diesem Landstrich vollzog sich die Mission problemlos.

Im Allgemeinen war dies jedoch anders: Missionare wie Columban oder Bonifatius hatten sich nicht in das Sachsenland vorgewagt. Hier war offenbar keine Aufnah-mebereitschaft für das Christentum vorauszusetzen, viel-leicht auch deshalb, weil es als fränkisch galt und somit als Religion einer fremden Macht. Eine interessante Gestalt war dagegen der Angelsachse Lebuin (Liafwin), der um das Jahr 770 von Utrecht aus erst einmal zu den Friesen in das Gebiet der Ijssel gegangen war. Die Vita des Liudger be-richtet, Lebuin habe ihn bei der Missionsarbeit in Friesland abgelöst, wobei es wiederum nicht nur um Mission, son-dern vielmehr um die Stabilisierung der Kirchenorganisa-tion ging. Lebuin traf nämlich schon Christen an und fand

Unterstützung vor allem bei einer Frau namens Averhild. Dementsprechend baute Lebuin sogar eine Kirche, nämlich in Deventer. Da die Ijssel aber die Grenze des Einflussgebiets der Franken und der Sachsen markierte, hätten die Sachsen, so die Vita, ein Heer geschickt und die Kirche zerstört. Der Kirchbau wurde offensichtlich als Zeichen fränkischer Ansprüche verstanden, und er wurde noch zwei weitere Male von den Sachsen niedergebrannt.

Was nun Lebuins Missionsversuche bei den Sachsen angeht, berichten seine beiden Viten von einem dramatischen Auftritt Lebuins auf einer Versammlung sächsischer Adliger, die wie in jedem Jahr in einem nicht lokalisierbaren und in keiner anderen Quelle erwähnten Ort namens Marklo an der Weser stattgefunden haben soll. Wenn man den Viten folgt, hatte Lebuin unter den Sachsen einige Anhänger, darunter einen Folkbert oder Folbert, der ihm riet, sich von der Versammlung fernzuhalten. Doch Lebuin habe als Kämpfer (Athlet) und Soldat Christi die Auseinandersetzung und mithin das Martyrium gesucht. Mit dem Kreuz in der einen und einem Evangelienbuch in der anderen Hand sei er auf der Versammlung aufgetreten und habe „im prophetischen Geist" eine Missionspredigt gehalten. Dabei habe er gedroht, wenn die Sachsen sich nicht bekehrten, würde ein fremder König kommen und sie unterwerfen. Gemeint war damit natürlich Karl der Große. Die versammelten Sachsen gingen

daraufhin auf den „Feind ihrer Heiligtümer und ihres Heimatlandes (*patria*)" los und wollten ihn ermorden. Lebuin aber wurde durch ein Wunder gerettet. Diese theatralische, mit biblischen Anspielungen gesättigte Szene zielt letztlich auf die wunderbare Errettung Lebuins, dessen Heiligkeit dadurch erwiesen wird.

Dass es unter den Sachsen bereits Sympathisanten des Christentums gab, lässt sich den Viten Lebuins entnehmen. Missionsversuche Einzelner brachten andererseits allenfalls bescheidene Ergebnisse mit sich. Die unbotmäßigen Sachsen wurden nun von Karl dem Großen mit militärischen Expeditionen unter Druck gesetzt. Schon die erste im Jahr 772 hatte eine religiöse Dimension, denn Karl ließ die Irminsul zerstören, eine Säule, die sich auf oder bei der sächsischen Festung Eresburg auf dem Obermarsberg befand, einem Hügel oberhalb des Flusses Diemel. Hier wurde dann bald eine Kirche errichtet. Aussehen und Funktion, selbst die Bedeutung des Namens Irminsul lassen die zeitgenössischen Quellen im Dunkeln, und umso fantasievoller befassten sich Autoren späterer Jahrhunderte bis in die Zeit des Nationalsozialismus damit. Auf jeden Fall war die Irminsul den Sachsen wirklich heilig: Ein Jahr später griffen sie die südlich der Eresburg gelegenen fränkischen Stützpunkte Fritzlar und Büraburg an, die mit dem Wirken des Bonifatius eng verknüpft waren. Die Ereignisse sind

722 stürzt Karl der Große die den Sachsen heilige Irminsul-Säule; Farbskizze von Alfred Rethel, um 1847.

Das „Blutbad von Verden"

Das „Blutbad" oder „Blutgericht", das Karl der Große im Jahr 782 bei Verden vollzogen haben soll, hat der Überlieferung nach 4500 Opfer unter den Sachsen zur Folge gehabt, die an einem Tag enthauptet worden seien. Die Nachricht über das Ereignis in den sogenannten Einhardsannalen, einer späteren Fassung der Reichsannalen, ist aber denkbar knapp. Ob die Zahl stimmt oder viel zu hoch gegriffen ist, muss offenbleiben. Das Ganze war eine Vergeltungsmaßnahme, weil die Sachsen doch härteren Widerstand leisteten, als Karl es sich gedacht hatte. Immerhin hatte das fränkische Heer kurz zuvor eine Schlacht gegen die Sachsen verloren, und die Hoffnung, den sächsischen Anführer Widukind gefangen nehmen zu können, hatte sich zerschlagen. Es handelte sich auf jeden Fall nicht um einen Akt der Zwangsmission: Die Opfer wurden zur Abschreckung getötet und nicht getauft.

Karl der Große schlägt die Sachsen; französische Buchmalerei, 14. Jh.

Für völkische und neuheidnische Kreise allerdings war dies in der Neuzeit der Höhepunkt des sächsischen Widerstandes gegen das ihm aufgezwungene Christentum. Karl war und ist bis heute darum für manche der „Sachsenschlächter" und Widukind, der der Strafaktion entkam, sein großer Gegenspieler. Zwischen 1934 und 1936 wurde aufgrund dieser Sichtweise eine nationalsozialistische Gedenkstätte errichtet, für die 4500 Findlinge als Wegbegrenzungen zusammengebracht werden sollten – die Zahl wurde freilich nicht erreicht. Diese Gedenkstätte, der Sachsenhain, ist heute eine evangelische Jugendbildungsstätte.

nur aufgrund der fränkischen Geschichtsschreibung zu rekonstruieren, da es an Quellen sächsischer Herkunft völlig fehlt. Karl wird von den fränkischen Reichsannalen ein konsequentes Vorgehen zugeschrieben, wobei nicht allein die Unterwerfung unter die fränkische Herrschaft, sondern ebenso die Christianisierung der Sachsen als Ziel hervorgehoben wird. Genau dazu hätten sich die Sachsen auch bald entschlossen (dies wird für das Jahr 776 verzeichnet) und es sei zu einer Massentaufe gekommen – eine recht überraschende Entwicklung, die von den Reichsannalen als Beginn einer durchgreifenden Christianisierung angesehen wurde. Wenig überraschend ist da-

Das Niedersachsenlied

Auf blühend roter Heide
Starben einst vieltausend Mann
Für Niedersachsens Treue
Traf sie des Franken Bann.
Vieltausend Brüder fielen
Von des Henkers Hand.
Vieltausend Brüder
Für ihr Niedersachsenland.
Das war'n die Niedersachsen,
Sturmfest und erdverwachsen,
Heil Herzog Widukinds Stamm!

So lautet die dritte Strophe des Niedersachsenliedes, das von dem Musiklehrer Hermann Grote in Braunschweig gedichtet und vertont wurde. Das Lied, dessen Text in Einzelheiten variieren kann, hat auffälligerweise keinen nationalen Deutschland-Bezug, wenngleich es in der zweiten Strophe die römischen Schergen und die welsche Brut als Feinde ansieht und damit an die Varusschlacht, ein typisches national-deutsches Erinnerungsdatum dieser Zeit, erinnert. Die Franken erscheinen in schlechtem Licht, und auch ohne dass Hermann Grote hier die Sachsenmission erwähnt, konnte diese hier mitgemeint sein. Die Taufe Widukinds (oder Wittekinds), der hier als Ur-Niedersachse erscheint, wird nicht erwähnt. Nicht deshalb aber geriet der Text des Liedes ins Zwielicht, sondern weil seine Sprache als zu gewalttätig galt und man eine Nähe zu nationalsozialistischen Anschauungen zu finden meinte. Seine Interpretation ist jedoch letztlich davon abhängig, ob man das Lied auf vor oder nach 1933 datiert.

gegen, dass die Reichsannalen bereits für das Jahr 778 von einer Rebellion der Sachsen „aufgrund einer schlechten Angewohnheit" sprechen.

Was folgte, waren jahrzehntelange Kriege. Aus fränkischer Sicht – und dafür steht Einhards Vita Karls des Großen – waren sie ein mit großer Erbitterung geführter Kampf zwischen Recht und Unrecht, Zivilisation und Chaos, Christentum und Heidentum. Der Kampf endete selbst dann nicht, als sich der Anführer des sächsischen Widerstands, Widukind (Wittekind), 785 unterwarf. Zwar resümieren die Reichsannalen für dieses Jahr: „Daraufhin ist ganz Sachsen unterworfen worden", doch dauerten die Kriege noch bis 803. Widukind, der aus Westfalen stammte, wurde im 20. Jahrhundert durch das Niedersachsenlied zum Stammvater aller Niedersachsen erhoben.

Von Paderborn bis Bremen, von Hamburg nach Haithabu: Norddeutschland wird christlich

Parallel zu den Kämpfen zwischen den Franken und Sachsen verlief die Missionierung des Sachsenlandes, deren Vorposten Paderborn mit seiner Kaiserpfalz (der Karlsburg) sein sollte. Hier hatte im Jahr 777 eine Synode stattgefunden, die das Projekt in Gang setzte. In der Folge wurden Missionsbezirke bestimmt, die zu Bistümern ausgebaut werden sollten, und dies waren Paderborn, Verden, Hildesheim und Halberstadt, die dem Erzbistum Mainz unterstellt wurden, sowie Minden, Münster, Osnabrück und Bremen, die dem Erzbistum Köln zugeordnet wurden. Durch die Ambitionen Hamburgs wurden die Ansprüche des Erzbistums Köln auf die Gebiete im Norden

Die Gründung des Bistums Bremen durch Kaiser Karl den Großen und den Bischof Willehad, Wandgemälde von Bartholomäus Bruyn dem Älteren, 1532

bald beschnitten. Da noch länger strittig war, ob nicht doch das Erzbistum Köln die Oberhoheit im Norden haben sollte, wäre es ebenso möglich, dass die in der Vita des Missionars Ansgar zu findenden Angaben über die Erhebung von Hamburg zum Erzbistum erst später dort eingetragen wurden. Über die ältere Tradition verfügte allerdings Bremen, wo 789 der erste, noch aus Holz gebaute Dom durch Bischof Willehad geweiht worden war.

Seit Karl dem Großen wurde auch das Gebiet nördlich der Elbe bis hin zur Eider für das Frankenreich und später das Deutsche Reich beansprucht. Seit dem frühen 9. Jahrhundert sind hier vereinzelt Kirchen nachweisbar, so zum Beispiel in Meldorf. Von Handelszentren wie Schleswig, das die Nachfolge der Wikingersiedlung Haithabu (heute in der schleswig-holsteinischen Gemeinde Busdorf) antrat, breitete sich das Christentum

im Lande aus. Dies betraf ebenfalls die nördlich der Elbe in Ostholstein ansässigen Slawen. Sie wurden mit den Missionsversuchen, die von Hamburg ausgingen und sich noch weiter in den Norden erstreckten, konfrontiert, worauf sie in ihren regionalen oder lokalen Gliederungen unterschiedlich reagierten.

Die Slawen lassen sich in ihrer Kultur ähnlich schwierig fassen wie die Germanen. Zuschreibungen vergangener Zeiten mit rassistischen Typisierungen, denen das Defizit an Informationen eine Lücke geboten hat, sind offensichtlich unbrauchbar. Hinfällig ist damit ebenfalls eine Denkweise, die in der Eroberung und Christianisierung der Slawen eine Art historischer Notwendigkeit sah, die den Eroberten eine höherwertige Kultur gebracht hätte – „der Slawe" war schon im frühen Mittelalter vor allem „der Sklave", ein Mensch minderen

Ranges, der zur Handelsware geworden war (Parallelen zu kolonialistischen Vorstellungen sind hier unübersehbar). Andererseits lässt sich nicht behaupten, die Slawen seien – wie man das gleicherweise für die Germanen zu belegen versuchte – notorische Gegner des Christentums gewesen. Vielmehr stellte sich für sie die Frage, was mit dieser Religion in religiöser wie in politischer und wirtschaftlicher Hinsicht zu gewinnen war, und hier spielte sicher nicht zuletzt die Möglichkeit des Anschlusses an die Mitte Europas eine Rolle.

Angesichts des Mangels an Informationen sind auch im Blick auf die Slawen Begriffe wie „Stamm", „Sippe" oder „Volk" wenig tragfähig. Siedlungsformen und Alltagskultur lassen sich durch archäologische Befunde besser erfassen. Dort, wo sie in Kontakt und Konflikt mit bestehenden Reichen gerieten, wurden die Slawen in Quellen erwähnt. Freilich fehlt es aber, wie schon im Fall der Germanen, an vielen wünschenswerten Auskünften, zumal solchen slawischer Herkunft. Darum ist, jedenfalls im Vergleich zum Christentum, relativ wenig über die Religion der Slawen bekannt, und was man weiß, verdankt sich dem Blickwinkel christlicher (sowie arabisch-muslimischer) Quellen, die das ihnen Fremde zu verstehen oder wenigstens zu beschreiben versuchten.

Wie es mit dem Christianisierungsgrad der Slawen genau stand, ist nur schwer zu ermitteln: Zur gleichen Zeit, als die Slawen zwischen Elbe und Oder die Bistümer Brandenburg, Havelberg und Zeitz angriffen, nämlich im Jahr 983, wurde Hamburg durch den dortigen Führer der Slawen, den Abodritenfürsten Mistuwoi (Mistui), geplündert. Andererseits gibt es Hinweise darauf, dass Mistuwoi Christ war und mit den Ottonen eng verbunden war. Er wäre in dem Fall eine Art Klientelfürst an der Nordgrenze des Reiches gewesen. Es könnte sich bei der Plünderung Hamburgs also einfach um einen Raubzug gehandelt haben, der von dem Chronisten Thietmar von Merseburg dann religiös gedeutet wurde: Für ihn ist das Wichtigste daran, dass die in Hamburg befindlichen Reliquien durch ein Wunder in den Himmel aufgefahren

sind. Sicher ist aber, dass Mistuwois Enkel Mstislaw die Taufe empfing. Damit mag eine gewisse Christianisierung der Oberschicht gegeben gewesen sein, allerdings kam der Rückschlag schon bald, denn im Jahr 1018 wurde Mstislaw durch einen Angriff der slawischen Liutizen vertrieben, und Hamburg wurde nochmals zerstört.

Der kirchliche Vorposten Hamburg, letztlich ein Bistum ohne Land, war demnach in einer dauerhaft schwachen Position. Jedoch hatte Otto der Große ein anderes Bistum gegründet, das für die Mission jenseits der Elbe zuständig war, nämlich Oldenburg in Holstein. Auch dieser Bischofssitz hatte vorläufig keinen Bestand: Er wurde schon um das Jahr 980 zerstört und auf die Burg Mecklenburg verlegt. Um die Mitte des 11. Jahrhunderts aber beruhigte sich

Adalbert von Bremen, Buchminiatur, um 1050

Vicelin

Vicelin verkörpert wie so viele Kirchenmänner die mittelalterliche Internationalität, bevor es überhaupt Nationen gab. Freilich erlaubte seine Jugend eigentlich keine gute Prognose, denn Helmold von Bosau berichtet, Vicelin sei nach dem frühen Verlust seiner Eltern ein jugendlicher Luftikus geworden. Allerdings folgte dann die Selbstbesinnung, und diese führte ihn in den Dienst der Kirche. Vicelins Lebensstationen waren Paderborn, wo er die Domschule besuchte, Bremen, wo er selbst die Domschule leitete, und Laon, wo er seine Studien vertiefte. Schon in Frankreich lernte er Norbert von Xanten kennen, den Gründer des Prämonstratenserordens, der 1126 Erzbischof von Magdeburg wurde. Vicelin folgte ihm hierher und wurde von Norbert zum Priester geweiht. Jedoch bot Hamburg-Bremen dann offensichtlich die besseren Chancen, denn Vicelin ließ sich durch Erzbischof Adalbero von hier aus ins Land der Slawen nördlich der Elbe entsenden, wo er bei dem in Lübeck residierenden Slawenfürsten Heinrich Unterstützung fand. Zwar starb Heinrich schon im Jahr 1127, doch erhielt Vicelin nun Unterstützung von Kaiser Lothar III. (Lothar von Süpplingenburg), der für ihn die Burg Segeberg als Missionsstation gründete. 1149 wurde Vicelin zum Bischof von Oldenburg in Holstein geweiht. Da Heinrich der Löwe die Weihe nicht genehmigt hatte, musste Vicelin um seine Anerkennung kämpfen. Schließlich erhielt er das Dorf Bosau am Plöner See als Sitz zugewiesen, wo bis heute die Petrikirche an sein Wirken erinnert.

die Lage kurzfristig durch das Wirken des Abodritenfürsten Gottschalk, der seine Kindheit in einem Kloster in Lüneburg verbracht und eine dänische Prinzessin geheiratet hatte. Zwar schwor er dem Christentum zwischenzeitlich ab, doch besann er sich später wieder darauf. Seine christenfreundliche Politik wurde von Erzbischof Adalbert von Hamburg-Bremen unterstützt, so dass Kirchen wiederaufgebaut werden konnten. Adam von Bremen berichtet, durchaus ironisch, Adalbert hätte wie seine Vorgänger, nämlich Ansgar, Rimbert und Unni, selbst eine Missionsreise in den Norden unternehmen wollen, sei allerdings vom dänischen König darauf hingewiesen worden, dass es wohl besser sei, die Landessprache zu beherrschen.

Helmold von Bosau rühmt in seiner Slawenchronik das Wirken Gottschalks, der das bei den Abodriten schon in Vergessenheit geratene Christentum wiederbelebt und selbst gepredigt habe. Helmold betont in diesem Zusammenhang, Gottschalk habe in slawischer Sprache deutlicher ausgesprochen, was die Bischöfe und Presbyter zuvor *mistice*, also in geheimnisvoller Weise („mystisch") gesagt hätten. Es handelte sich bei Gottschalks Predigten mithin nicht nur um eine sprachliche, sondern wahrscheinlich ebenso um eine kulturelle Übersetzungsleistung. Aber auch Gottschalk wurde letztlich abgesetzt und vertrieben, und was er aufgebaut hatte, ging wieder unter. Die erneute Zerstörung Hamburgs war dabei geradezu unausweichlich. Adam von Bremen vermerkt in diesem Zusammenhang, diejenigen Slawen, die unterdessen Christen geworden waren, seien wieder ins Heidentum zurückgefallen und jene, die am christlichen Glauben festhielten, seien getötet worden. Adam kritisiert in diesem Zusammenhang freilich, dass die Christen des Erzbistums Hamburg-Bremen dem Heidentum noch sehr nahegestanden hätten. Die Kriterien dafür waren ihm zufolge: das Essen von Fleisch am Freitag, Schlemmerei und Ehebruch in der Fastenzeit und an Heiligentagen, Ehebruch, Inzest und Polygamie. Hieran wird wieder einmal deutlich, dass das kirchliche Eherecht und Ehebild einen wesentlichen Maßstab darstellten, der sich mit der Lebenspraxis jedoch nicht vertrug, ob diese nun typisch „heidnisch" war oder nicht.

Erst Jahrzehnte später zeitigte die Missionierung der Abodriten nachhaltige Erfolge. Im Zentrum der neuen Missionsaktivitäten stand Vicelin. Zusammen mit anderen gründete er in Faldera (Neumünster) ein Augustiner-Chorherrenstift. Überholt wurden Vicelins Missionsbemühungen letztlich durch die politischen Entwicklungen, die auf eine Unterwerfung der Abodriten zielten. Deutsche Siedler wurden ins Land geschickt, und im Jahr 1147 kam es – in zeitlicher Parallele zum zweiten Kreuzzug ins Heilige Land – unter deutscher, polnischer und dänischer Beteiligung sogar zu einem Kreuzzug gegen die Abodriten (Wendenkreuzzug). Treibende Kräfte waren der sächsische Herzog Heinrich der Löwe und der Markgraf von Brandenburg, Albrecht der Bär. Das Land und seine Bewohner wurden unterworfen, tributpflichtig gemacht und unter Zwang christianisiert. Das Bistum Oldenburg wurde wieder errichtet (und bald nach Lübeck verlegt) und Kirchen neu gebaut. Zugleich wurde in Ratzeburg ein weiteres Bistum errichtet. Trotz der Zwangsmaßnahmen scheint das Christentum aber an Attraktivität unter den Abodriten gewonnen zu haben. Ihr Herzog Pribislaw ließ sich nach anfänglicher militanter Gegnerschaft taufen und unterstützte die Bemühungen um die Etablierung einer Kirchenorganisation. Dem voraus gingen jahrelange Kämpfe mit Heinrich dem Löwen um die Vorherrschaft über die Abodriten, die damit endeten, dass Pribislaw eine Teilautonomie erhielt. Die Tendenz zur Christianisierung war jedenfalls unumkehrbar, die Weiterarbeit und Vertiefung war danach Sache der Orden, nicht zuletzt der Zisterzienser.

Die Mission östlich der Elbe

Die Slawen hatten wie die Germanen eine Wanderungsgeschichte. Sie breiteten sich in ähnlicher Weise von Osten nach Westen aus und waren bis zum Einflussbereich der Bistümer Würzburg und Bamberg zu finden. Von den Slawen (Wenden) zeugen dort bis heute Ortsnamen wie Geiselwind oder Brodswinden. Vor allem aber waren Slawen seit dem Frühmittelalter an der Ostseeküste ansässig, in Ostholstein und Mecklenburg, und elbaufwärts in Brandenburg und in der Lausitz – weiter südlich bildeten sie die Bevölkerung Böhmens. Die „Ostdeutschen" waren also zu großen Teilen Slawen, und bis heute sind die Sorben Zeugen dieses Sachverhalts. Die Slawenmission ist damit ein zentraler Aspekt der Missionierung Nord- und Ostdeutschlands.

Die Ottonen

Otto I., der schon bald wie Karl als „der Große" galt, stammte aus dem sächsischen Geschlecht der Liudolfinger. Die Sachsen, rund 100 Jahre vor Ottos Geburt im Jahr 912 noch Missionsobjekte, waren nun also in das Reich integriert, wenngleich sie bislang zumindest in politischer Hinsicht eine Sonderrolle spielten. 936 wurde Otto zum deutschen König gesalbt und gekrönt. Dies war ebenfalls ein religiöser Akt, bei dem die Erzbischöfe von Mainz und Köln eine herausragende Funktion hatten. Die zu dieser Zeit entstandene ottonische Reichskrone bringt symbolisch das Selbstverständnis und die religiöse Begründung der Herrschaft und der Aufgaben Ottos zum Ausdruck. Freilich musste Otto seine Königswürde erst gegen Kontrahenten verteidigen. In seiner Regierungszeit sollte die Grenze des Reiches von der Elbe an die Oder verschoben und mit der Missionierung der Slawen begonnen werden. Mit Ottos Wirken verbindet sich der Aufbau der „Ottonischen Reichskirche": Otto stattete die Bischöfe mit reichen Schenkungen aus, die im Gegenzug aber auch politisch-militärische Dienste leisten mussten. Die damit geschaffenen Strukturen blieben bis zur Säkularisierung des Jahres 1803 beziehungsweise in den protestantisch gewordenen Gebieten bis zur Reformation bestehen: Die Bischöfe waren Reichsfürsten mit territorialem Besitz. Ottos Sohn Otto II. und sein Enkel Otto III. blieben bei der Politik, die Kirche und ihre Vertreter zu begünstigen und die Mission voranzutreiben. Ein Zeichen dafür ist der Besuch Ottos III. in Gnesen.

Die Ungarnschlacht auf dem Lechfeld 955, Gemälde von Michael Echter, 1860

Durch die Unterwerfung der Sachsen hatte Karl der Große die Grenze seines Reiches bis an die Elbe ausgedehnt, und so weit wie seine Herrschaft reichten schließlich die Kirchenorganisation und die Ausbreitung des Christentums. Über 100 Jahre später ging Otto der Große daran, die Grenzen seines Reiches nach Osten zu erweitern, und dies war nun nicht mehr denkbar ohne eine Expansion des Christentums. Darin hatte ihm schon sein Vater Heinrich I. vorgearbeitet, dem es nach schweren Kämpfen gelungen war, die Slawen östlich der Elbe unter seine Kontrolle zu bringen. Allerdings hatte Heinrich wohl noch keinen Plan, was eine Eingliederung der slawischen Gebiete oder eine Christianisierung ihrer Bewohner betraf. Eher ging es darum, die nicht unkriegerischen Slawen auf Distanz zu halten und das Land zu kontrollie-

ren, ohne es wirklich zu beherrschen. Die von Heinrich errichtete Burg Meißen etwa diente diesen Zwecken.

Folgt man der Darstellung Widukinds von Corvey am Anfang des zweiten Buches seiner Sachsengeschichte, dann war die Königswahl Ottos im Jahr 936, bei der sich große Teile des hohen Klerus versammelt hatten, von der Erwartung begleitet, er möge die Feinde Christi bekämpfen, nämlich die Heiden und die schlechten Christen. Jedenfalls dürfte sich Otto in einer ähnlichen Rolle gesehen haben wie Karl, also in der eines Förderers des Christentums im Inneren wie im Äußeren. Tatsächlich gelang ihm eine Konsolidierung des Reiches und eine Ausdehnung seiner Grenzen. In der deutschen Erinnerung steht dafür vor allem Ottos Sieg auf dem Lechfeld bei Augsburg gegen die Ungarn im Jahr 955.

Ein wichtiges Zentrum wurde Magdeburg, das schon zur Zeit Karls des Großen ein Außenposten des Reiches und zugleich ein Zentrum für den Handel mit den Slawen östlich der Elbe war. 937 hielt Otto hier eine Reichsversammlung ab und gründete im selben Jahr das Mauritiuskloster als kirchliches Zentrum. Hier wurden Benediktinermönche angesiedelt. 948 wurden die Bistümer Brandenburg und Havelberg gegründet. Sie waren letztlich Missionsstationen ohne Kirchenorganisation im Umland. Nachdem Otto im Jahr 962 zum Kaiser gekrönt worden war, kamen die Bistümer Merseburg, Meißen und Zeitz hinzu. Ihre Gründung wurde wie die des Erzbistums Magdeburg 967 auf einer Synode in Ravenna beschlossen. Doch schon im Jahr 983 wurden die Bistümer Brandenburg, Zeitz und Havelberg von den Slawen im Zuge neuer kriegerischer Auseinandersetzungen erobert. Die Bistümer, eher Garnisonen denn Städte, waren für die Angreifer Symbole der Fremdherrschaft, und die Kirchen, welche die repräsentativsten Gebäude waren, fielen ihrem Zorn zum Opfer. Der Anlass des Angriffs war laut dem Chronisten Thietmar von Merseburg der Hochmut des Markgrafen Dietrich. Die tributpflichtigen Slawen hatten sich demnach provoziert gefühlt, und sie handelten gegenüber ihren Herren genauso, wie die Germanen gegenüber den Römern gehandelt hatten. Die Aktionen erfolgten zielgerichtet und in rascher Folge, so stellt es jedenfalls Thietmar von Merseburg dar – vielleicht handelte es sich aber auch nur um einen gut organisierten Raubzug. Ein Vorstoß traf innerhalb von drei Tagen Havelberg und Brandenburg. Thietmar von Merseburg berichtet, statt des christlichen Gottesdienstes sei ein heidnischer Kult eingeführt worden, was von Heiden und von Christen gleichermaßen gerühmt worden sei. Zur gleichen Zeit wurde Zeitz von einem böhmischen Heer eingenommen und die Geistlichen vertrieben.

Damit brachen in dieser Region die Missionsinitiativen einstweilen ab. Das politische Ziel war es nun offensichtlich, die religiöse Frage auszuklammern. Dass das gut möglich war, zeigt ein Bündnis, das König Heinrich II. im Jahr 1003 mit den Liutizen, der hartnäckigsten Gruppe der Slawen, abschloss. Damit brachte Heinrich Brun von Querfurt, den von Papst Silvester II. eigens eingesetzten Missionsbischof für die Slawen, gegen sich auf: Brun beschwerte sich 1008 in einem Brief bei Heinrich über dessen Untätigkeit bei der Mission und dass er mit einem heidnischen Volk gemeinsame

Sache machte. Dabei zitierte Brun eine Stelle aus dem 2. Brief des Paulus an die Korinther („Was gibt es für eine Übereinkunft zwischen Christus und Belial?") und übertrug diese auf die gegenwärtige Situation. Heinrich tat in den Augen Bruns schlichtweg nicht seine Pflicht, die ihm mit dem Amt eines „guten und katholischen Oberhauptes" und eines „frommen und strengen Lenkers der heiligen Kirche" gegeben war. Bruns Absicht war es, Heinrich stattdessen für ein Bündnis mit dem polnischen König Boleslaw Chrobry zu gewinnen, mit dem Heinrich aber im Krieg lag – und gegen den er sich mit den Liutizen verbündet hatte. Brun hingegen hatte das getan, was er selbstbewusst in seinem Brief an Heinrich schrieb: Er hatte das Evangelium Christi vom heiligen Petrus (also aus Rom) zu den Heiden gebracht. Er war nach Ungarn gereist, um König Stephan bei der Missionierung der Ungarn zu unterstützen, die, wie Brun schrieb, fast alle Christen geworden seien. Allerdings war seine Mitwirkung hier nicht gefragt. Danach hatte sich Brun weiter nach Osten, zu den Kiewer Rus gewandt, deren Großfürst Wladimir sich wenige Jahre zuvor hatte taufen lassen. Von hier aus zog es ihn zu den Petschenegen. Sein nächstes Ziel war Polen, wo die Bedingungen durch Heinrichs Feindschaft zu Boleslaw jedoch nicht die besten waren. Was Brun antrieb, war auch das Vorbild eines umtriebigen Missionsbischofs dieser Zeit, nämlich des Adalbert von Prag, dessen Vita er verfasste. Und genau wie Adalbert fand er den Tod bei den Pruzzen.

Die Slawenmission darf also nicht einfach als „deutsches" Projekt angesehen werden. Zu berücksichtigen sind ebenso die Entwicklungen in Polen, die in die Etablierung eines christlichen Königtums mündeten, und die Entwicklungen in Dänemark, die gleichfalls ein christliches Reich hervorbrachten. Die zwischen diesen politischen Einheiten siedelnden Slawen waren damit sowohl in religiöser wie in politischer Hinsicht isoliert und zogen die Missionsbemühungen von zwei Seiten auf sich. So war etwa die Missionierung der Pommern eine Art „deutschpolnisches" Gemeinschaftsprojekt: Sie wurde in erster Linie von Bischof Otto I. von Bamberg, dem „Apostel der Pommern", vorangetrieben. Er führte in den Jahren 1124/25 und 1128 mit polnischer Rückendeckung zwei Missionsreisen durch und wurde 1189 heiliggesprochen. Bischof Otto musste mithilfe von Dolmetschern predigen

Magdeburg

Magdeburgs frühe Geschichte ist eng mit Otto dem Großen verbunden. Schon zur Zeit Karls des Großen wurde es als Grenzort zu den Slawen und als Handelsplatz erwähnt – es war also ein Ort des Kulturaustauschs. Otto machte die Siedlung dann zu einem bedeutenden Zentrum mit dem Moritzkloster als Kern. Dessen Kirche wurde zum Magdeburger Dom ausgebaut, wo Otto und seine erste Frau Edith später begraben wurden. Der Dom (der heutige Bau ist der gotische Ersatz für den ursprünglichen romanischen) war das deutlichste Symbol für die Pläne Ottos, der die Stadt zu einem neuen Rom und zum Zentrum seiner Herrschaft machen wollte, wiewohl er sich in Aachen hatte krönen lassen, das für die Tradition Karls des Großen stand. Magdeburg wurde mit Klöstern und anderen frommen Gemeinschaften besiedelt; Kirchen wurden gebaut, deren Türme von weither sichtbar waren und die Silhouette der Stadt prägten. Die Zerstörungen im Dreißigjährigen Krieg und im Zweiten Weltkrieg haben danach das Gesicht der Stadt entscheidend verändert. Die Aufwertung des Bistums Magdeburg zum Erzbistum entsprach ganz Ottos kirchenpolitischem Willen. Damit konnten die Ansprüche des Erzbistums Mainz im Blick auf die Aufsicht in den slawischen Missionsgebieten abgewehrt werden. Allerdings führten der Slawenaufstand, die Entwicklung einer eigenen Kirchenstruktur in Polen und der Machtverlust der Ottonen dazu, dass die großen Pläne nicht realisiert werden konnten. Auch Magdeburgs geografische Randlage spielte dabei eine Rolle.

Der Magdeburger Dom, Gemälde von Carl Hasenpflug, 1828

Reichsgebiet unter
Otto d. Großen (973)

---- veränderte Reichsgrenze
unter Konrad II. (1039)

Ranen slawische Stämme und
Gebiete

✚ Erzbistum
✝ Bistum
♣ Kloster
● Burg

und organisierte eine große Taufaktion, bei der Fässer in die Erde eingegraben und kniehoch mit Wasser gefüllt wurden. Durch Sichtschutzvorhänge getrennt wurden darin dann Frauen, Männer und Kinder getauft.

Die Mission der Slawen östlich der Elbe kam bis ins 12. Jahrhundert dennoch nicht voran. Problematisch war offensichtlich, dass die Angebote für eine religiöse und politische Integration gerade von deutscher Seite aus immer wieder durch Übergriffe durchkreuzt wurden: Die Slawen wurden nicht als Partner behandelt, sondern als Feinde, ähnlich wie die Sachsen rund 200 Jahre zuvor. Die Bischofssitze waren daher ständig gefährdet, die Bevölkerung

allenfalls oberflächlich christianisiert. Selbst der Kreuzzug gegen die Slawen im Jahr 1147 brachte einstweilen keine tiefere Christianisierung mit sich, wenngleich er immerhin zu einer Befestigung der Kirchenorganisation führte, die eine bessere Missionierung ermöglichte. Das bedeutendste Beispiel dafür ist die Errichtung des Doms in Havelberg. Der Kreuzzug war eine Machtdemonstration, die einem verstärkten deutschen Einfluss die Tür öffnete und den Zustrom bereits christlicher Siedler möglich machte.

Die Christianisierung Brandenburgs und Mecklenburgs war mithin ein längerer Prozess und keineswegs das Ergebnis einer einmaligen Gewaltmaßnahme. Zügiger verlief die Christianisierung der Sorben. Hier setzte in der Mitte des 12. Jahrhunderts ebenfalls eine massive Kolonisierung ein. In dieser Zeit wurde auch Leipzig, das schon 1015 erstmals erwähnt wird, das Stadtrecht verliehen.

Das Europa
der christlichen Könige

Unter Ludwig dem Frommen entfaltete der Missionsimpuls eine besondere Dynamik, die über die Grenzen des späteren Deutschlands hinauswies: Dänemark, genauer gesagt Jütland, geriet in den Fokus. Hier ging es aber nicht zuerst um die Missionierung der Bevölkerung, sondern um ein Missionsprojekt „von oben": Die Vita Ansgars berichtet davon, dass sich Harald Klak, einer der Bewerber um den dänischen Königsthron, der von seinen Konkurrenten aus Dänemark vertrieben worden war, hilfesuchend an Ludwig den Frommen gewandt habe. Dieser habe ihn jedoch gedrängt, das Christentum anzunehmen, damit zwischen ihnen größere Vertrautheit (*familiaritas*) bestehe und beide Völker den gleichen Gott verehrten – die Taufe Haralds sollte also die Christianisierung der Dänen nach sich ziehen. Im Jahr 826 ließ sich Harald mit seiner Familie und seinem Gefolge im Kloster St. Alban bei Mainz taufen, Ludwig übernahm die Patenschaft. Nun sollte Harald mit fränkischer Hilfe

den dänischen Thron erobern. Was Ludwig ihm mitgab, war allerdings kein Heer, sondern ein geistlicher Begleiter, der nicht nur Mission betreiben, sondern offensichtlich ebenso dafür sorgen sollte, dass Harald am Christentum festhielt. Dieser Begleiter war der Mönch Ansgar, dem der Ruf besonderer Glaubensstärke voranging. Bei ihm findet sich in abgeblasster Form noch einmal das Motiv der *peregrinatio*, denn Ansgar wollte seine Heimat verlassen, was ihm im Übrigen einige Schmähungen eintrug. Die Vita Ansgars betont in diesem Zusammenhang, dass Ansgar zu den Barbaren gehen wollte und dass sich auch Harald und seine Begleiter ihm gegenüber roh und ungebildet benahmen.

Der fränkische Plan, mit Harald Klak nördlich der Eider Einfluss gewinnen zu können, verwirklichte sich nicht, denn Harald gelang es nicht, die Herrschaft zu übernehmen. Ansgar hingegen konnte seine Mission in den Norden antreten, wenngleich nicht zuerst nach Dänemark: Die Vita Ansgars betont, Gesandte aus Schweden hätten Ludwig den Frommen gebeten, Missionare zu schicken, da es Sympathien für das Christentum gebe. Wie ernst dies gemeint war, lässt sich nur schwer er-

Ansgar

Ansgars Vita wurde von seinem Nachfolger auf dem Bremer Bischofsstuhl, Rimbert, verfasst. Ansgar, geboren im Jahr 801, wuchs im Kloster Corbie in Nordfrankreich auf. Als im Sachsenland an der Weser das Kloster Corvey gegründet wurde, kam er als junger Mann dorthin. Eigentlich war er ausersehen, mit Harald Klak nach dessen Taufe nach Dänemark zu gehen, aber dazu kam es nicht, denn Ansgar wurde nach Schweden geschickt, wo er 830 eine Gemeinde in Birka gründete. Sein Bischofssitz wurde das neu gegründete Hamburg, von wo aus er die Mission in Skandinavien leiten sollte. Das Projekt scheiterte jedoch, da Hamburg – das eigentlich lediglich eine Befestigung, die „Hammaburg", war – im Jahr 845 von den Wikingern zerstört wurde. Dabei

gingen auch die Kirche und das dazugehörende Kloster in Flammen auf. Ansgar konnte nur mit knapper Not entkommen. Da im gleichen Jahr der Bischof von Bremen starb, übernahm Ansgar seine Nachfolge, und im Zusammenhang damit soll laut der Vita Ansgars Hamburg-Bremen zum Erzbistum erhoben worden sein. In Bremen starb Ansgar dann im Jahr 865. In Norddeutschland wurde er einer der prominentesten Heiligen, und seine Verehrung setzte sich nach der Reformation unter evangelischen Vorzeichen fort, beispielsweise in der Benennung von Kirchen. In Haithabu ist in den letzten Jahren im Zuge der historischen und archäologischen Forschung immer wieder an das Wirken des „Apostels des Nordens" erinnert worden.

Ansgar bekehrt die Heiden zum Christentum;
Ausschnitt eines Wandgemäldes von Hugo Vogel, 1909.

messen. Womöglich war es aus diplomatischen Gründen angebracht, dem mächtigen fränkischen Nachbarn im Süden, der so viel Wert auf das Christentum legte, hierin ebenfalls Sympathien zu bekunden. So trat Ansgar die Reise ohne Harald Klak an. Der Weg nach Schweden war beschwerlich, und unterwegs wurden er und seine Gefährten von Seeräubern ausgeplündert. Schließlich landete er mit seinem Begleiter Wittmar ohne Habe, ohne liturgische Bücher und ohne die Geschenke, die Ludwig der Fromme ihnen mitgegeben hatte, nach langem Fußmarsch in Birka, einem wichtigen Handelszentrum, wo sie eineinhalb Jahre lang blieben. Der dortige König Björn erlaubte es ihnen, zu predigen und zu lehren, und tatsächlich schlossen sich einige Hörer dem christlichen Glauben an. Aber auch für nach Birka verschleppte christliche Sklaven bot der Aufenthalt Ansgars die Möglichkeit, endlich einmal wieder an den Sakramenten teilzuhaben. Taufen ließ sich außerdem der „Bürgermeister" von Birka, Herigar (Hergeir), ein enger Vertrauter des Königs. Selbst wenn die Vita Ansgars daraus einen Erfolg machen will, war die Missionsarbeit doch nicht nachhaltig und eher ein Anhaltspunkt für die Gründung des Bistums Hamburg als eines Vorpostens der fränkischen Mission im Gebiet nördlich davon.

Diese Gründung war ein groß inszenierter Akt, an dem die Erzbischöfe von Reims, Köln, Trier und Mainz teilnahmen. Natürlich musste dies von Rom aus legitimiert werden, und von hier erhielt Ansgar den Auftrag zur Missionierung der Dänen, Schweden und Slawen. Nach Schweden entsandt wurde auf Betreiben von Erzbischof Ebo von Reims nun jedoch ein Verwandter des Kirchenobersten, ein Bischof mit Namen Gauzbert. Er erhielt als Stützpunkt das Kloster Walana (heute: Münsterdorf) bei Itzehoe. Gauzbert knüpfte an Ansgars Vorarbeiten in Birka an und baute eine Kirche, allerdings scheiterte das Unternehmen, weil Gauzbert im Jahr 845 von den Schweden vertrieben wurde. Die Vita Ansgars, die davon berichtet, betont, dass die Schuld nicht beim König gelegen habe, sondern eine Verschwörung im Volk der Grund dafür gewesen sei.

Es war dann wieder Ansgar, der die Mission in Schweden respektive in Birka organisierte. Zuerst schickte er

Corvey

Das an der Weser gelegene Kloster Corvey, das heißt „Neu-Corbie", wurde zur Zeit Ludwigs des Frommen gegründet und mit Mönchen aus Corbie besiedelt. Die Planungen gingen schon auf Karl den Großen zurück. Durch Ludwig und die folgenden Kaiser wurde das Kloster reich mit Besitzungen ausgestattet, was sich bis zur Säkularisation im Jahr 1803 fortsetzte. Davon zeugen die barocken Klostergebäude. Die romanische Klosterkirche mit ihrem Westwerk aber ist bis heute ein imposantes Bauwerk der Gründungsepoche.

einen Einsiedler namens Ardgar dorthin, der unter dem Schutz des schwedischen Königs das kirchliche Leben von Neuem aufbauen durfte, und das, wie die Vita Ansgars erzählt, unter wundersamen Umständen. Faktisch war es aber die Hartnäckigkeit Herigars, die das Christentum am Leben hielt. Auch Ardgar verließ Schweden nach einiger Zeit wieder. Eine weitere Initiative Ansgars betraf Dänemark. In diesem Falle konnte er zu dem dortigen König Horik (Erik) Kontakt aufnehmen, und als Gesandter Ludwigs des Frommen war es ihm möglich, diplomatische Missionen mit christlichen Missionsversuchen zu verbinden. Das Ergebnis war immerhin eine liberalere Politik Horiks gegenüber dem Christentum, dem er bisher ablehnend gegenüber gestanden hatte, sowie die Erlaubnis zum Bau einer Kirche in Haithabu. Damit hatten nun ansässige Christen und christliche Reisende, die nach Haithabu kamen, ebenfalls Gelegenheit, einen Gottesdienst zu besuchen. Der Vita Ansgars zufolge sei Haithabu durch die Christianisierung als Handelsplatz noch attraktiver geworden. Sie berichtet ferner davon, dass sich viele Sympathisanten des Christentums zwar als Taufbewerber registrieren ließen, die Taufe aber bis zum Lebensende aufschoben, um nach der Taufe und somit der Vergebung aller Sünden sündlos sterben zu können. Diese Praxis hatte es bereits in der Spätantike gegeben.

Ansgar machte sich noch einmal nach Schweden auf, nachdem er versucht hatte, Gauzbert ein zweites Mal dorthin zu schicken. Dieser hatte allerdings unter Verweis auf seine bisherigen Erfahrungen abgelehnt. Unterstützung fand Ansgar sowohl bei Ludwig dem Frommen wie bei König Horik. Zwar ließ der Nachfolger König Horiks, Horik der Jüngere, zunächst die Kirche in Haithabu schließen, doch besann er sich bald darauf eines Besseren und gestattete Ansgar sogar den Gebrauch einer Glocke in der Kirche, was den Heiden ein Gräuel gewesen war. Im 20. Jahrhundert wurde bei Ausgrabungsarbeiten in Haithabu ein Glockenfragment gefunden, aus dem sich eine „Ansgar-Glocke" rekonstruieren ließ. Darüber hinaus erhielt Ansgar die Erlaubnis, in Ripen eine weitere Kirche zu bauen.

Mit Birka, Haithabu und Ripen wurden die bedeutendsten Handelszentren im Norden auch zu Zentren der Mission auserkoren, während über andere Orte nichts zu erfahren ist. Von Städten wird man in diesem Zusammenhang kaum sprechen können, denn es handelte sich um Siedlungen mit Holzhäusern, die durch Wälle geschützt waren. Haithabu ging im 11. Jahrhundert in kriegerischen Auseinandersetzungen unter und wurde nach Schleswig verlegt, Birka wurde fast zur gleichen Zeit aufgegeben. Das Christentum war als Import in diese Siedlungen gekommen, und dies nicht nur durch Missionare, sondern ebenso durch christliche Kaufleute. Nicht zuletzt für sie dürften die neu gebauten Kirchen ein Anlaufpunkt gewesen sein. Christliche Ausschließlichkeitsansprüche dürften sich mit den Missionsaktivitäten nicht verbunden haben. Dies wäre eher geschäftsschädigend gewesen, denn die Mehrheit der Kaufleute, die aus dem Norden, aus dem Baltikum und aus Russland kamen, waren noch keine Christen. Nachhaltige Wirkung hatte die Mission in Dänemark und Schweden einstweilen ohnehin nicht: Mit dem Tod Ludwigs des Frommen brach die Mission dort ab. Zu einer tief greifenden Christianisierung war es nicht gekommen. Männer wie Ansgar betrieben eine „Ein-Mann-Mission" mit wenigen Begleitern, und der größte Erfolg war es, in Zentren wie Birka und Haithabu Kirchen zu bauen, die freilich nicht lange Bestand hatten.

Die Verhältnisse in Dänemark und Schweden waren religionspolitisch lange offen: Es gab Christen, die toleriert wurden, aber es kam genauso zu Repressionen. Missionarische Aktivitäten lebten im ersten Drittel des

10. Jahrhunderts durch den Erzbischof von Hamburg-Bremen, Unni, wieder auf, der sich nach Norden aufmachte. Dabei handelte es sich eigentlich um eine Visitationsreise durch sein Bistum, allerdings unter erschwerten Bedingungen. Unni kam nach Birka, nachdem sich schon lange niemand mehr dorthin getraut hatte, und starb dort im Jahr 936. In der Vita des Erzbischofs Adam von Bremen wird berichtet, Unni habe in Birka viele, die nach Ansgars Aufenthalt wieder vom Christentum zum Heidentum übergewechselt waren, erneut zu Christen gemacht. Doch auch Unni war letztlich nur ein „Ein-Mann-Missionar"; die Unterstützung der Mächtigen in Schweden hatte er nicht.

Anders waren die Entwicklungen zu dieser Zeit in Dänemark. König Harald Blauzahn betrieb um die Mitte des 10. Jahrhunderts eine eindeutig christentumsfreundliche Politik. Von ihm stammt zudem das erste literarische Zeugnis aus dem Missionsland selbst, nämlich eine kurze Inschrift auf einem Runenstein, die bezeugt, dass Harald für sich in Anspruch nahm, die Dänen zu Christen gemacht zu haben. Das sahen die Nachbarn südlich der Eider freilich anders: Adam von Bremen betont in seiner Hamburgischen Kirchengeschichte, Harald habe bei Schleswig eine Schlacht gegen Otto den Großen verloren, sich ihm unterworfen und die Christianisierung seines Reiches gelobt. Mit der Patenschaft Ottos habe er sich umgehend taufen lassen, und für Dänemark seien drei Bistümer gegründet worden, die dem Bistum Hamburg unterstellt wurden.

Die Datierung von Haralds Taufe ist nicht sicher und auch ein anderer Bericht darüber eher legendarisch: Der Mönch Widukind von Corvey stellt sich in seiner „Sachsengeschichte" die Umstände nämlich so vor, dass es bei einem Gastmahl einen Streit darüber gegeben habe, ob Christus der wahre Gott sei. Die Sache sei dann von einem anwesenden Geistlichen namens Poppo (oder Poppa) durch ein Wunder entschieden worden: Glühendes Eisen konnte ihm nichts anhaben. Das habe am Ende zur Taufe Haralds geführt.

Nicht ganz klar sind die Umstände der Errichtung der von Adam von Bremen erwähnten drei dänischen (eigentlich jütländischen) Bistümer. Entschieden wurde darüber, wenngleich eher am Rande, da andere Dinge wichtiger waren, auf einer Synode, die im Jahr 948 in Ingelheim bei

Corvey, Westwerk der ehemaligen Klosterkirche

König Harald Blauzahn von Dänemark wird von Bischof Poppo getauft; Reliefplatte eines vergoldeten Reliquiars aus der Kirche von Tamdrup, Jütland, um 1200.

Mainz tagte. Anwesend waren ebenfalls die Bischöfe von Ripen, Aarhus und Schleswig, die es demnach schon gab oder die hier ernannt wurden. Adam von Bremen schreibt die Gründung dieser Bistümer Otto dem Großen zu. Sie wurden dem Erzbistum Hamburg-Bremen unterstellt, das damit nun erhielt, was es lange hatte erreichen wollen: eine gewisse Vormachtstellung im Norden.

Die Verhältnisse änderten sich also im Verlauf des 10. Jahrhunderts, da das Christentum jetzt nicht mehr nur ein fränkischer Import und die Sache von wenigen Einheimischen war, sondern auch bei den nordischen Königen zum Politikum wurde. Allerdings ging dies nicht ohne Rückendeckung des mächtigen Nachbarn im Süden ab, der inzwischen nicht mehr das Frankenreich Lud-

wigs des Frommen, sondern das Reich Ottos des Großen war. Aber noch bei einem anderen Nachbarn der Dänen und Schweden war das Christentum erstarkt, nämlich in England, und England sollte bald unter König Knut dem Großen ein Teil Dänemarks werden. So war Dänemark schließlich die Brücke für die Christianisierung Norwegens durch englische Missionare. Dennoch gelang es dem Hamburg-Bremer Erzbischof Unwan um das Jahr 1025, eine formelle Unterstellung der Kirche in Norwegen unter seine Oberaufsicht zu erreichen.

Das Jahr 1000 ist in Nord- wie in Osteuropa eine ungefähre zeitliche Markierung für den Beginn einer größeren Akzeptanz des Christentums und den Aufbau einer Kirchenorganisation. Der schwedische König Olaf „Schoßkönig" (die Bedeutung des Namens ist ungeklärt) sympathisierte mit dem Christentum, stieß jedoch auf entschiedenen heidnischen Widerstand. Neue Impulse für die Mission gab Erzbischof Adalbert von Bremen, der um 1050 Bischöfe einsetzte und Missionare in den Norden bis nach Island und Grönland schickte, und dies nicht zuletzt, um die kirchliche Vormacht seines Bistums Hamburg-Bremen über die Länder des Nordens zu befestigen. Zugleich begann der dänische König Sven Estridsen eine Kirchenorganisation aufzubauen, was ebenso den Bau einer Vielzahl von Kirchen umfasste. Adalberts Ambitionen zielten darauf, in Hamburg ein Patriarchat über die Bistümer des Nordens zu errichten, während Sven Estridsen ein eigenes Erzbistum für seinen Herrschaftsbereich gründen wollte. So berichtet es jedenfalls Adam von Bremen, der es zudem nicht unterlässt, den politisch umtriebigen und beim Kaiser hoch angesehenen Adalbert wegen dieser Pläne als ehrgeizig oder übermütig zu bezeichnen, und auch sonst nicht mit Kritik an Adalbert spart. Entschieden wurde die Frage der Vormachtstellung des Erzbistums Hamburg-Bremen dann 1104, als das Erzbistum Lund verselbstständigt und für die Kirchen Skandinaviens zuständig wurde. Bis dahin war Hamburg-Bremen immerhin rund 300 Jahre lang für die Missionierung des Nordens zuständig gewesen. Lund zur Seite traten die Bistümer Trondheim (1153) und Uppsala (1164).

Das Christentum nahm zur gleichen Zeit, als es sich nach Norden ausbreitete, den Weg weit nach Osten. Hier gab es ebenfalls ein eigenes Interesse an der neuen Religion und der Kirche als Organisation, wobei sich die Frage stellte, in welchem Maße mit der Christianisierung

KGR. NORWEGEN

Hamar ✝

✝ Oslo

Tönsberg ✝

Stavanger

Uppsala ✝

Sigtuna ●

Strengnas ✝ ● Birka

Skara ●

● Linköping

KGR. SCHWEDEN

Gotland

Dagö

Ösel ● Arensberg

Dorpat ✝

Esten

Liven

Liven

Liven *Lettgallen*

■ Riga

Düna

Kuren *Semgallen* *Selonen*

Nordsee

Viborg ●

Aarhus ●

● Jellinge

Ribe ✝

● Roskilde

✝ ■ Lund

KGR. DÄNEMARK

Kalmar ●

Ostsee

Bornholm

Memel

Litauer

✝ Wilna

Schleswig ✝

Rügen

Ratzeburg ✝

Hamburg ■

Kammin ✝

Kolberg ●

Danzig ✝

Pruzzen

✝ Elbing

● Marienburg

✝ Schwerin

Abodriten

Liutizen

Pomoranen

● Stettin

Kulm ✝

Wloclawek ●

Masowier

FRIESLAND

Bremen ■

Minden ✝

HZM. SACHSEN

● Havelberg

Gnesen ■

Polanen

Posen ●

Warthe

Kujuwier

● Plock

KIEWER REICH

Utrecht ✝

Osnabrück ●

Hildesheim ●

● Brandenburg

NIEDER-LOTHRINGEN

✝ Münster

Magdeburg ■

● Wittenberg

Oder

Sieradzanen

Lentschizanen

HZM. POLEN

Tscherwen ●

Lüttich ✝

■ Köln

Aachen ●

Paderborn ●

Merseburg ●

THÜRINGEN

MARK LAUSITZ

Slenzanen

● Breslau

Oder

● Belz

FRANKEN

✝ Fulda

Erfurt ●

● Meißen

Krakau ✝

Przemyśl ●

Trier ✝

Frankfurt ✝

Elbe

Prag ✝

HZM. BÖHMEN

Olmütz ●

Wislanen

Weichsel

OBER-LOTHRINGEN

Mainz ■

Worms ✝

Speyer ✝

Würzburg ✝

Bamberg ●

Reims ■

Metz ✝

Rhein

Nürnberg ●

● Brünn

Pruth

Troyes ●

Toul ✝

Straßburg ✝

Eichstädt ✝

Regensburg ✝

Passau ✝

Donau

Preßburg ●

Erlau ●

Theiß

Ulm ●

Augsburg ●

Freising ✝

✝ Gran

✝ Varad

Besançon ✝

Basel ✝

HZM. SCHWABEN

Salzburg ■

HZM. BAYERN

Autun ●

■ Vienne

Cluny ●

KGR. BURGUND

Genf ●

HZM. KÄRNTEN

Villach ●

KGR. UNGARN

✝ Fünfkirchen

✝ Alba

Lyon ✝

■ Vienne

Moutiers ■

Susa ●

Trient ✝

MGFT. VERONA

Aquileja ■

Agram ●

Mailand ■

Verona ✝

Padua ✝

Triest ✝

Slawonien

Embrun ✝

KGR. ITALIEN

Mantua ●

Venedig ✝

Adria

KGR. KROATIEN

Belgrad ●

Genua ●

● Bologna

Pula ✝

Reichsgrenze unter Otto d. Großen (973)

veränderte Reichsgrenze unter Konrad II. (1039)

polnisches Reich unter Boleslaw Chrobry (1025)

Christen vom 2. bis 5. Jh.

Christen vom 5. bis 9. Jh.

Christen vom 9. bis 12. Jh.

✝ Erzbistum

● Bistum

zugleich eine Unterstellung unter die Vormacht des deutschen Kaisertums gegeben sein sollte. Während die Verhältnisse im deutschen Einflussbereich jenseits des Missionsbistums Magdeburg noch länger ungeklärt blieben, ereigneten sich in Böhmen und Polen schon Prozesse, die auf die Etablierung einer Kirchenorganisation zielten, die nicht zuletzt von politischem Interesse war. Freilich war damit nicht zwangsläufig die Christianisierung der Bevölkerung in der Tiefe verbunden.

In Böhmen hatte sich das Christentum keineswegs selbstverständlich etabliert. Weiter östlich, in Mähren, hatten in den 860er-Jahren die „Slawenapostel" Kyrill und Methodius missioniert, und ihre Mission hatte bis nach Böhmen ausgestrahlt. Allerdings war es dann zu heftigen Auseinandersetzungen gekommen, in deren Verlauf der böhmische Herzog Wenzel von seinem eigenen Bruder Boleslaw getötet wurde. Der Streitpunkt war die Frage, ob die Oberhoheit des deutschen Königs, Heinrichs I., anerkannt werden sollte, und daran hing die Frage, wie weit sich das Land dem Christentum, also der Religion des großen Nachbarn, öffnen sollte. Aber selbst Boleslaw musste letztlich im Jahr 950 diesen Schritt tun und die Oberhoheit Ottos des Großen anerkennen. Bei der Schlacht gegen die Ungarn auf dem Lechfeld 955 kämpften dann bereits böhmische Truppen mit. Kurz nach Boleslaws Tod und wohl auf sein Betreiben hin wurde im Jahr 973 das Bistum Prag gegründet. Die kirchliche Zuständigkeit für Böhmen hatte ursprünglich beim Bischof von Regensburg gelegen, und von Regensburg aus waren auch Missionare nach Böhmen geschickt worden. Das Bistum Prag wurde nun jedoch dem Erzbistum Mainz unterstellt, was eine Aufwertung bedeutete. Erst 1344 wurde Prag zum Erzbistum erhoben. Der zweite Bischof von Prag war seit 983 Adalbert, der seine Schulbildung in Magdeburg erhalten hatte und von Kaiser Otto II. in sein Amt eingesetzt worden war. Adalberts durchaus unkonventionelles Leben als Bischof – er ließ das Amt oft ruhen, zog für einige Jahre ins Kloster oder ging auf Missionsreisen – endete mit dem Martyrium im Land der Pruzzen, also vermutlich im späteren Ostpreußen. Prominenz erlangte er dadurch, dass seine Leiche, wie es die Legende erzählt, vom polnischen Herzog Boleslaw Chrobry gekauft und in Gnesen beigesetzt wurde.

Gnesen mit den Reliquien des bald heiliggesprochenen Adalbert von Prag wurde nun zum Zentrum des Christentums in Polen. In Posen gab es zu dieser Zeit bereits ein Bistum, das im Zusammenhang mit der Taufe des polnischen Herzogs Mieszko im Jahr 966 errichtet worden war. Mieszkos Herrschaft war in territorialer Hinsicht keineswegs fest definiert: Er gehörte zu den Herrschergestalten, die sich ihr Volk und ihr Land erst Stück für Stück erobern mussten, und das ohne Gewähr auf Nachhaltigkeit. Grenzen setzten ihm im Westen Otto der Große beziehungsweise der Markgraf Gero, so dass sich Mieszko der deutschen Oberhoheit unterstellen musste. Die Taufe, die er empfing, war dann die Eintrittskarte in den Kreis der christlichen Herrscher. Vollzogen wurde sie allerdings von einem aus Rom entsandten Bischof, nicht von einem Vertreter des Deutschen Reiches. Mieszko war also daran gelegen, es nicht zu einem öffentlichkeitswirksamen Akt mit einer politischen Dimension kommen zu lassen. Schließlich aber wurde Mieszko zum Bundesgenossen der Ottonen bei dem Ziel, die zwischen Elbe und Oder siedelnden Slawen zu kontrollieren und zu missionieren.

Durch die Verehrung Adalberts, die Mieszkos Sohn Boleslaw Chrobry entschieden förderte, überflügelte Gnesen Posen an Bedeutung. Selbst Kaiser Otto III. machte sich im Jahr 1000 zur Wallfahrt nach Gnesen auf. Hier schlossen er und Boleslaw Chrobry ein Bündnis, das unter anderem die Erhebung Gnesens zum Erzbistum beinhaltete, dem die Bistümer Krakau, Breslau und Kolberg zugewiesen wurden. Die Beziehungen waren freundschaftlich, doch natürlich von politischen Interessen geprägt. Eines davon war das gemeinschaftliche Vorgehen gegen die renitenten Slawen, die im Gebiet zwischen Elbe und Oder ansässig waren. Einer wesentlich späteren Quelle zufolge erhob Otto III. Boleslaw Chrobry bei dieser Gelegenheit sogar zum König. Die Errichtung des Erzbistums Gnesen, die letztlich ein Projekt des Kaisers war, beinhaltete die Selbstständigkeit der Kirchenorganisation in Polen, die also nicht einem deutschen Erzbistum – zu denken wäre hier an Magdeburg – untergeordnet wurde. Damit war allerdings verbürgt, dass auch in politischer Hinsicht die Integrität Polens geachtet wurde. Deutscher Einfluss wurde außerdem östlich von Polen, im Baltikum spürbar, das im Schnittpunkt polnischer, russischer, deutscher und dänischer Interessen lag.

Adalbert von Prag wird 997 auf einer Missionsreise im Land der Pruzzen erschlagen; kolorierter Holzstich nach Fritz Roeber, 1900.

Die Krönung Boleslaw Chrobrys, des ersten Königs von Polen; Gemälde von Jan Matejko, 1889

Ebenfalls im Jahr 1000 erhielt Ungarn auf Betreiben Ottos III. einen eigenen Erzbischofssitz, nämlich Gran (Esztergom). Dies ging mit der Einsetzung eines Königs einher, und jener war Stephan, welcher der ungarischen Königskrone, der Stephanskrone, den Namen gab und der 1083 heiliggesprochen wurde.

„Zwingt sie herein!": Gewalt als Mittel der Mission

Die Mission verlief auf unterschiedlichen „Feldern" ganz verschieden. Aus der Vita Ansgars wird immer wieder deutlich, dass sich Einzelne dem Christentum zuwandten, mit ihm sympathisierten, sich als Taufbewerber kenntlich machten oder sich taufen ließen. Die irischen und angelsächsischen Missionare hatten gleichfalls versucht, Überzeugungsarbeit zu leisten, zu predigen und mit aufsehenerregenden Aktionen Eindruck zu erwecken. Die Entscheidung des Einzelnen zählte also durchaus, jedoch war für ihren nachhaltigen Bestand die Entscheidung des Herrschers und seiner unmittelbaren Gefolgsleute notwendig. Das Modell dafür hatte die Taufe Chlodwigs abgegeben. Dass Herrscher eine schwankende Haltung einnehmen konnten oder sich wie Harald Klak zu weit vorwagten, ist in diesem Zusammenhang genauso belegt. Wenn die Oberschicht nicht mitzog, blieb der Herrscher isoliert. Und wenn Herrscher die christliche Predigt oder einen Kirchenbau erlaubten, musste das nicht bedeuten, dass sie damit der Christianisierung der Bevölkerung Rückhalt gaben. Offensichtlich handelte es sich dabei um eine frühe Form von Toleranz, die politische oder wirtschaftliche Gründe haben mochte. Das Christentum bot internationale Verbindungen und eine Stärkung der Herrschaft. Aber auch religiöse Gründe könnten eine Rolle gespielt haben, denn das Christentum mochte attraktiver erschienen sein als die traditionelle Religion; dafür sprachen schon sein hoher Organisationsgrad und seine diakonischen Aktivitäten.

Eintreibung des Kirchenzehnts bei den Sachsen, kolorierter Holzstich nach Peter Janssen, 1873

Eine Mission durch Zwang und Gewalt war nicht die Regel, sondern die Ausnahme. Hauptsächlich waren es die Sachsen, die dem ausgesetzt waren. Die – sicher nicht als Ursache anzunehmende – theologische Begründung wurde aus Augustinus gezogen, der geraten hatte, Abweichler wieder mit Zwang in die Kirche hereinzuholen: *Cogite intrare!* – „Zwingt sie, hereinzukommen!" Der dahinter stehende Bibeltext war Jesu Gleichnis vom Großen Gastmahl, und der Sinn lag darin, dass der drohende Verlust des Seelenheils in dieser Sichtweise nur durch Zwang abzuwenden war.

Die Anwendung von Gewalt blieb auch nicht unwidersprochen, und es war ausgerechnet Alkuin, der Karl dem Großen gegenüber Widerspruch einlegte. Er tat dies mit dem Verweis auf die individuelle Aneignung des Glaubens, wie sie bereits Augustinus als notwendig erachtet hatte. Wenn sie fehle, könne man das Heil nicht erlangen, und insofern sei ein Zwang unsinnig. Die Missionsprediger sollten also echte Überzeugungsarbeit leisten. Alkuins Position lässt sich ebenso als Reaktion auf eine rücksichtslose Politik gegenüber den Sachsen verstehen, wie sie in der im Jahr 782 verkündeten *Capitulatio de partibus Saxoniae* zum

Ausdruck kommt. In diesem Gesetzes-
text war das Verbleiben beim Heidentum, das heißt die Verweigerung der
Taufe, oder die Ausübung heidnischer
Praktiken unter Todesstrafe gestellt worden. Zu Letzteren zählte unter anderem
die Feuerbestattung. Die Durchführung
dieser Vorschriften ist allerdings nirgend-
wo bezeugt – es handelt sich um einen
Text, der eher abschrecken sollte, als dass
er als Verfahrensvorschrift diente.

Ähnlich äußerte sich Alkuin gegenüber dem Salzburger Bischof Arno zur
Missionierung der Awaren: Arno solle
Prediger der Frömmigkeit, nicht Ein-
treiber des Zehnten sein. Der Zehnt
habe nämlich den Glauben der Sachsen
ruiniert. Die Seele bedürfe der Milch
der apostolischen Frömmigkeit, bevor
sie sich stärke. Hier nahm Alkuin ein
Bild des Paulus aus dem dritten Kapitel
des ersten Korintherbriefes auf, das er
ebenfalls in einem anderen Brief ver-
wendete, in dem es um ähnliche Fragen
ging: Der Glaube sei den Heiden mit
friedfertigen und klugen Worten zu
predigen. Der Klerus sollte sich nicht
mit der Geldvermehrung beschäftigen,
sondern mit der Predigt, und Missionsprediger sollten sich nicht über Gebühr
bezahlen lassen. In erster Linie gehe es
darum, Frömmigkeit und Glauben zu wecken, und erst
dann solle es, dem Missionsbefehl Jesu am Ende des Matthäusevangeliums gemäß, zur Taufe kommen. Die Rea-
litäten dürften im Umkehrschluss andere gewesen sein,
selbst wenn die Synode „an den Ufern der Donau“ im
Jahr 796 genauso wie Alkuin zu einem geregelten Verfah-
ren bei der Missionierung und Taufe riet.

Nicht nur die Sachsen, auch die Slawen erlitten Gewalt
im Zuge der Missionierung, wobei sich wiederum nicht
generalisierend sagen lässt, das Christentum sei ihnen aufgezwungen worden. Kiewer Rus, Polen, Böhmen und
Mähren nahmen das Christentum letztlich doch willig
an – wiewohl dies eine Entscheidung der Oberschicht war.
Ob es den Menschen damit besser oder schlechter erging

als mit ihrer alten Religion, ließe sich allenfalls sagen, wenn
man mehr über ihre alte Religion wüsste.

Es war Brun von Querfurt, der in seiner Kritik an der
Bündnispolitik Heinrichs II. mit den Liutizen das *cogite intrare*, hier in der Variante des *compelle intrare*, einforderte und zur
Gewaltmission an den mit Heinrich verbündeten Liutizen
aufrief. Brun rief als Vorbilder den „heiligen Kaiser“ Konstantin und Karl den Großen an. Das Ziel war für Brun die
Herstellung des Friedens (*pax*), der nur durch einen Krieg
gegen die Heiden zu erreichen war. Heinrich, so Brun, solle
sich Ehre (*honor*) und Heil (*salus*) durch ihre Christianisierung erwerben. Entscheidend an diesem Vorgang ist, dass
Kaiser Heinrich gerade nicht auf den sendungsbewussten
Erzbischof hörte, der sich seine Legitimation ohne Heinrichs Segen in Rom geholt hatte, sondern seine politischen
Interessen in den Vordergrund stellte. Eine Ausdifferenzie-
rung von Religion und Politik war also möglich, und im
Übrigen ist die Stimme Bruns die eines Einzelnen.

Dass es keine Grundbedingung war, Christ zu sein, um
aus christlicher Sicht Wertschätzung zu erhalten, zeigt das
Urteil Adams von Bremen über die Pruzzen, das später von
Helmold von Bosau übernommen wurde: Die Pruzzen
sind zwar wild, aber ihre Sitten sind vorbildlich. Sie sind
„sehr menschliche Menschen“, denn sie retten selbstlos
Schiffbrüchige, und sie machen sich nichts aus Gold und
Silber. Allerdings hält Adam von Bremen damit seinen
Lesern zugleich einen Spiegel vor: Die Pruzzen sind edle
Wilde, die noch nicht durch Luxus verdorben sind und
sich nichts aus wertvollen Fellen machen, die Adams christ-
lichen Zeitgenossen als die höchste Glückseligkeit galten.
Der einzige Makel der Pruzzen war für Adam von Bremen
der, dass sie Christen verfolgten und ebenso Adalbert von
Prag getötet hatten. Adam selbst weiß auch nichts von ei-
ner Gewaltmission.

Den Höhepunkt der Zwangsmission bildeten die Kreuz-
züge, die es eben nicht allein im Heiligen Land, sondern
gleicherweise in Europa gab. Sie waren etwas Neues, denn
Krieg als Mittel der Mission hatte es bis dahin nicht gegeben. Der Wendenkreuzzug des Jahres 1147 führte zu einer
wenig nachhaltigen oberflächlichen Christianisierung, jedenfalls wurde das Ergebnis von Helmold von Bosau scharf
kritisiert, da sich viele ohne jede Überzeugung hatten
taufen lassen. Den Kreuzzugsgedanken hatte sich in besonderer Weise der Deutsche Orden zu eigen gemacht, der ihn
im Baltikum praktizierte.

Die Bedeutung der Orden

Benedikt von Nursia und seine Regel

Mission durch Kultivierung? Die Zisterzienser

Ritter als Missionare? Der Deutsche Orden

Volksmission in den Städten: Franziskaner und Dominikaner

Eine wichtige Rolle bei der Missionierung der Deutschen spielten die gut vernetzten Zisterzienser, die in zahlreichen Gegenden Landwirtschaft betrieben und Handelsniederlassungen unterhielten (kolorierte Autotypie nach einer Zeichnung von E. Klein, 1890).

Mit dem antiken Christentum „erbten" die Germanenreiche ebenfalls das antike Mönchtum. Dieses war ausgesprochen vielgestaltig, aber insgesamt nicht mit dem mittelalterlichen und neuzeitlichen zu vergleichen. Große Klosteranlagen gab es in Europa in den ersten Jahrhunderten nicht, die Gemeinschaften bildeten noch keine Orden mit einer übergreifenden Organisation und sie konnten auch wieder zerfallen. Man könnte im Blick auf die Spätantike und das Frühmittelalter eher von Kommunitäten oder geistlichen Wohngemeinschaften als von Klöstern sprechen, jedenfalls was den Westen Europas angeht. Wie das Beispiel des Heiligen Antonius und viele andere zeigen, spielte zudem das Eremitenwesen eine wichtige Rolle.

Asketisch als Eremit oder in klösterlicher Gemeinschaft zu leben war eine Praxis, die sich seit dem 3. Jahrhundert herausgebildet hatte und für die es bereits im 4. Jahrhundert zahlreiche Beispiele gibt, die über die Heiligenviten bis ins Mittelalter ausstrahlten. Mit dieser Lebensweise war kein Protest gegen eine Verweltlichung der Kirche verbunden, wie man manchmal vermutet hat, sondern es handelte sich um eine Lebensform mit vielen Varianten, die Arme und Wohlhabende, Frauen und Männer, Gebildete und Bildungsferne anziehen konnte. Menschen konnten in Klöstern eine Wohn- und Versorgungsmöglichkeit finden, gemeinsam ihre Frömmigkeit pflegen, Bildung teilen und vertiefen. Allerdings war ein großer Teil

Johannes Cassian als Eremit, Stich von Jan und Raphael Sadeler nach Marten de Vos, 1583–88

des gemeinschaftlichen Lebens von der Arbeit geprägt, mit der erst einmal der Lebensunterhalt der Gemeinschaft gesichert werden musste. Doch nicht nur deshalb wurde immer wieder davor gewarnt, das Spirituelle und Charismatische zu sehr zu betonen, denn als eine der größten Gefahren galt der geistliche Hochmut. Um ihn zu kontrollieren, wurde schon bald das regelmäßige Stundengebet eingeführt, bei dem die Mönche nicht ihren eigenen religiösen Fantasien frönten, sondern gemeinschaftlich Gott lobten. Alt ist auch der Gedanke, dass es bei der Askese, ob allein oder in Gemeinschaft, nicht nur um körperliche Enthaltsamkeit geht, sondern ebenso um einen Aufstieg der Seele zu Gott. Letztlich ist dieses Motiv aus dem spätantiken Neuplatonismus entlehnt, und in der mittelalterlichen Mystik findet es sich wieder.

So entstanden bereits früh, im 4. und 5. Jahrhundert, die Grundelemente des Mönchtums, die bis ins Mittelalter und die Neuzeit nachwirkten. Verantwortlich dafür waren große Gründergestalten. Unter ihnen ragt besonders Johannes Cassian hervor, der zugleich eine Brücke zwischen dem ägyptischen und dem südgallischen Mönchtum bildete. Er selbst war am Ende des 4. Jahrhunderts einige Jahre in Ägypten gewesen, um das dortige Mönchtum – wobei es sich eigentlich um Eremiten handelte – zu studieren. Was er dort kennenlernte, schrieb er nieder, und so wurden seine Werke zu Programmschriften des Mönchtums, in denen sich unter anderem die Lehre von den Hauptsünden findet, gegen die man insbesondere in den Klöstern fortan ankämpfen wollte. Die Lust an Sexualität, Essen und Besitz, aber genauso Stolz, Neid, Zorn und Eitelkeit gehören dazu sowie nicht zuletzt die *Acedia*, die geistliche Depression. Die herausragendste Gründergestalt, die bis heute mit seiner Regel das Fundament des westlichen Mönchtums darstellt, war jedoch Benedikt von Nursia.

Benedikt von Nursia und seine Regel

Von Orden (und dies ist eine Organisationsform des westlichen Christentums, die es in den Ostkirchen so nicht gibt) kann man erst seit der Karolingerzeit sprechen. Der älteste dieser Orden ist jener der Benediktiner, aus dem sich dann weitere Orden entwickelten. Der Kern

des Ordenslebens ist eine Regel, über deren Verfasser Benedikt man nichts wüsste, wenn nicht Papst Gregor der Große ihm um das Jahr 590 in einer Sammlung von Heiligenlegenden eine Vita gewidmet hätte. Diese ist, der Literaturgattung entsprechend, zwar voller Wundergeschichten, doch lässt sich das Leben des Mönchs durchaus daraus nachzeichnen. Dessen Höhepunkt ist die Gründung des Klosters Monte Cassino, die auf das Jahr 529 datiert werden kann. Dieses Kloster war allerdings nicht der prachtvolle Bau späterer Zeiten, sondern nur eine bescheidene Siedlung, die durch eine Mauer abgeschlossen war. Das Leben hier war karg und gefährdet und fiel in eine Zeit politischer Unsicherheit und Umbrüche: Die Ostgoten herrschten in Italien, und das Kloster wurde bald von den Langobarden geplündert.

Dass Benedikt einmal hoch verehrt und aus der kleinen Gemeinschaft einmal ein großer Orden werden würde, konnte niemand ahnen. Übertrieben ist es sicher, in ihm den „Vater Europas" zu sehen, wie er von Papst Pius XII. im 20. Jahrhundert genannt wurde. Andererseits ist seine Regel der Grundstein des westlichen Mönchtums geworden: Sie hat alle früheren Regeln verdrängt und spätere Regeln beeinflusst, die sie wieder zu neuer Geltung bringen wollten. Eine besondere Würde hatte die Benediktsregel durch ihre Wertschätzung durch Gregor den Großen, so dass sie nie gänzlich in Vergessenheit geriet. In Gebrauch war aber nicht der ursprüngliche Text, sondern Fassungen, die den Text der Benediktsregel mit anderen Regeln kombinierten, etwa mit der Regel Columbans. Als Teil solcher Mischregeln hatte sich die Regel ebenfalls im Frankenreich östlich des Rheins verbreitet; dazu hatten die Missionare aus England beigetragen. In ihrem Heimatland hatten die Verehrer Benedikts und die Anhänger der Benediktsregel seit dem 7. Jahrhundert eine starke Stellung, nachdem sich die englische Kirche 664 auf einer Synode in Whitby der römischen Oberhoheit unterstellt hatte. Und so versuchte auch Bonifatius nach seinem Kommen auf den Kontinent eine stärkere Durchsetzung der Benediktsregel zu erreichen.

Den Karolingern ging es dann um die Erstellung einer normativen Grundlage und damit nicht um einen Text an sich, sondern um das Mönchtum als Institution, das eine einheitliche Regel bekommen sollte, die für bestehende und neu gegründete Klöster galt. Die Durchführung dieses Reformprojekts, das bereits Karl der Große initiiert

Der Heilige Benedikt von Nursia übergibt die Ordensregel; Gemälde von Turino di Vanni, um 1400.

hatte, oblag dem aus dem späteren Südfrankreich stammenden Mönch und Klostergründer Benedikt von Aniane. Er wurde von Ludwig dem Frommen damit beauftragt, und der erste Schritt bestand in der Gründung des Klosters Kornelimünster im Jahr 814. Der Name wuchs dem Kloster erst in der Folgezeit zu, nachdem man im späteren 9. Jahrhundert eine Reliquie des römischen Bischofs Cornelius erworben hatte, der einer antiken Christenverfolgung zum Opfer gefallen war. Das Kloster sollte ein Modell für alle anderen Klöster darstellen, allerdings war sein Einfluss sehr kurzlebig, denn schon bald nach dem Tod Benedikts von Aniane im Jahr 821 brach dieser ab. Erst Jahrhunderte danach erlangte Kornelimünster wieder Bedeutung, nun als Wallfahrtsort.

Beschlossen wurde das Reformprogramm für die Klöster auf Synoden, die in den Jahren 816 bis 819 in der Kaiserpfalz in Aachen, ganz in der Nähe von Kornelimünster, abgehalten wurden. Hier lag seit der Zeit Karls des Großen ein unverfälschtes Exemplar der Benediktsregel

in Form einer Abschrift aus dem Kloster Monte Cassino. Nun war es möglich, anstelle der bis dahin verbreiteten Mischregeln wieder auf den ursprünglichen Text zurückzugreifen. Ludwig der Fromme nahm an der ersten der Synoden teil und handelte darin wie Kaiser Konstantin. Er kritisierte die Bischöfe dafür, dass sie ihrer Aufsichtspflicht über die Klöster nicht nachkamen. Im Ergebnis wurde die Benediktsregel zu der einen gültigen Regel erhoben und damit zugleich die Lebensweise nach dieser Regel bestimmt, die *una consuetudo monastica*. Jedoch ist der Begriff *consuetudo*, der „Gewohnheit" bedeutet, offen für die Bewahrung unterschiedlicher Traditionen, die also nicht einfach vereinheitlicht wurden. Das innere Leben der Klöster wandelte sich und hatte sich zum Teil bereits gewandelt: Während zur Zeit Benedikts von Nursia im 6. Jahrhundert die Mönche zumeist Laien waren, wurde es nun die Norm, dass sie die Priesterweihe erhielten. Dies führte zu einem erheblichen Anstieg des Bildungsniveaus in den Klöstern. Das karolingische Bildungsideal, wie es sich in

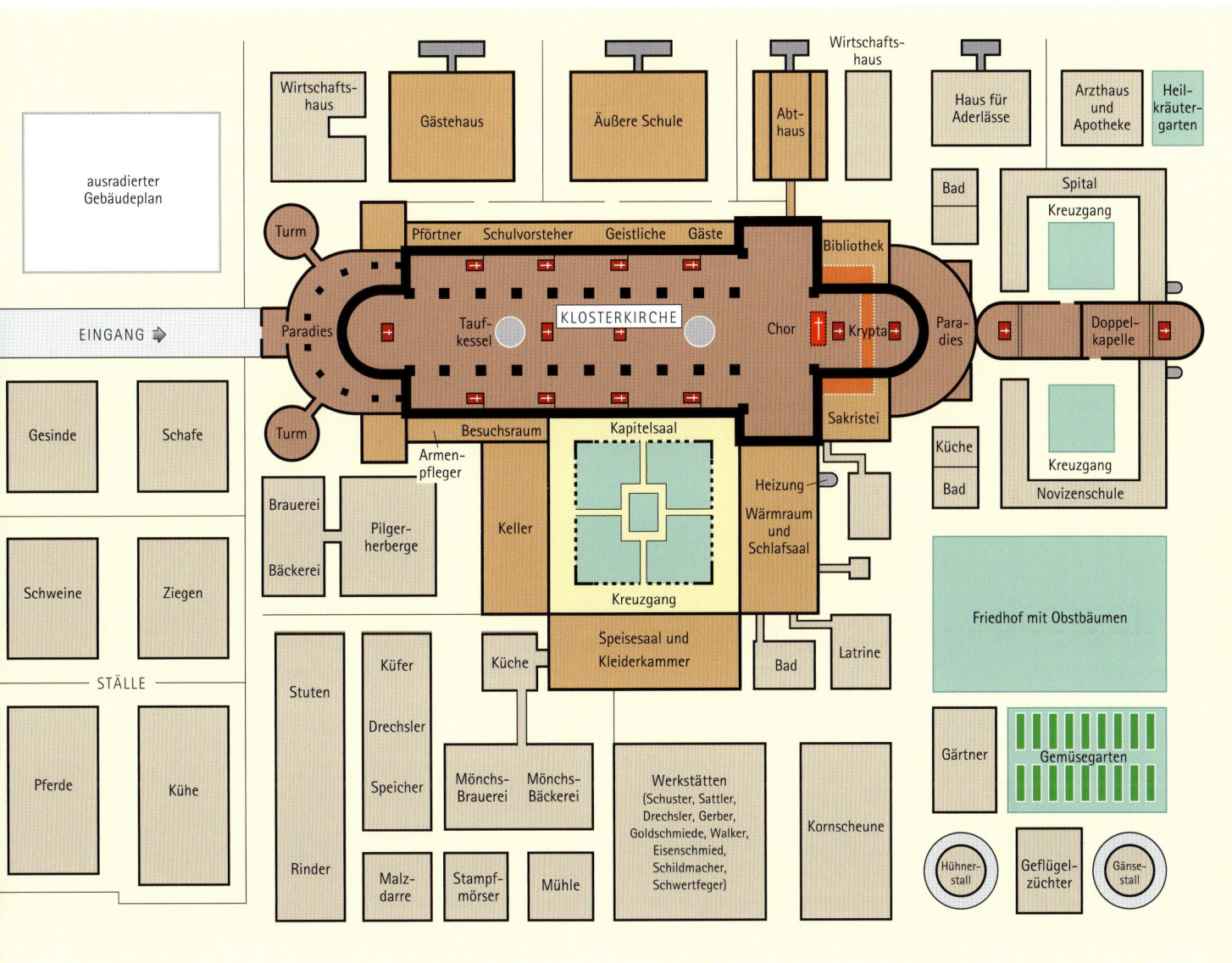

der *Epistola de litteris colendis* – einem Rundschreiben Karls des Großen an die Bischöfe des Frankenreiches – niederschlägt, verwirklichte sich vor allem hier, und so gehörte jetzt eine Bibliothek zum Kloster. Zudem hatte schon Karl die Einrichtung von Schulen in den Klöstern empfohlen. Um den klösterlichen Bereich von dem der Welt zu trennen, wurde häufig eine innere Schule für die im Kloster lebenden Kinder und Jugendlichen und eine äußere für die Öffentlichkeit eingerichtet. Kinder kamen ins Kloster, weil sie von ihren Eltern in der Hoffnung auf bessere Bildungs- und Lebenschancen als *oblati* („Dargebrachte") dort abgegeben worden waren.

Aufbau eines mittelalterlichen Klosters nach dem St. Galler Klosterplan. Dieser Idealplan eines Benediktinerklosters wurde um 820/30 gezeichnet und wird bis heute in der Bibliothek des Klosters St. Gallen aufbewahrt. Die darin enthaltenen Erklärungen lassen erkennen, dass ein Kloster eine eigene Lebenswelt war – mit Schulen, Versorgungseinrichtungen, einem Skriptorium und einem Gästehaus.

Das Leben der Mönche wurde auch über die Benediktsregel hinaus durch die Aachener Beschlüsse geregelt. Dies betraf beispielsweise die Essensvorschriften: Äpfel und Salat sollten nicht ohne andere Speisen verzehrt werden. Was den Weingenuss anging, blieb es bei der

Bestimmung der Benediktsregel: Eine Hemina durfte es sein, die aber durch die doppelte Menge Bier ersetzt werden konnte. Wie viel eine Hemina war, ist nicht mehr bekannt. Andere Regelungen betrafen die sexuelle Verführbarkeit: So durften Mönche keine Frauen küssen. Für Frauenklöster wurden eigene Regeln erlassen. Die Nonnen sollten eine einheitliche Verpflegung erhalten, was bisher nicht der Fall gewesen war. Grundnahrungsmittel waren Wein, Bier und Brot; in Gegenden, wo kein Wein wuchs, sollte das Bier den Wein ersetzen.

Die Geistlichen, die ihren Dienst in den Gemeinden taten, wurden ebenso einer Normierung unterzogen: Sie sollten in einem eigenen Orden zusammengefasst werden, dem der Kanoniker nämlich, und mithin gleichfalls unter einer Regel (*Canon*) leben. Die Bischöfe sollten darauf achten, dass die Geistlichen in einem Kloster hinter einer Mauer lebten. Für sie wurde nun sogar eine Art Gehaltstabelle in Naturalien – je nach dem Reichtum der Gemeinde – aufgestellt, wobei nicht zuletzt Wein und Bier – je nach Gegend – die Währung bildeten. Die Kanoniker sollten deutlich von den Mönchen unterscheidbar sein und darum keine Mönchskutte tragen.

Die Idee eines Ordens für die Kanoniker erwies sich freilich als wenig praxistauglich, und auch die Regelungen für die Mönche wurden in ihrer Strenge nicht überall durchgesetzt. So kam die Klosterreform etwa 100 Jahre später wieder auf die Tagesordnung, und zwar in Cluny, wo man es sich zur Aufgabe machte, die Benediktsregel einzuhalten, insbesondere im Blick auf die Armut und das Stundengebet. Diese Bewegung strahlte unter anderem auf Deutschland aus, wo das Kloster Hirsau im Schwarzwald zu ihrem Zentrum wurde. Allerdings war ihr Einfluss in Deutschland eher begrenzt. Die Ausmittelung des den Benediktinern zugeschriebenen „Bete und arbeite" war ein wesentliches Problem der gesamten Geschichte der Askese von der Antike an, und die Folgeorden versuchten sich daran auf je ihre Weise. Cluny wurde letztlich ebenfalls reich, und so waren es die am Ende des 11. Jahrhunderts im burgundischen Cîteaux gegründeten Zisterzienser, die noch einmal versuchten, das benediktinische Ideal zu leben, indem sie vor allem den Aspekt der Arbeit betonten und dazu in entlegene Gegenden gehen wollten. Sie, die noch stärker organisiert waren als die Cluniazenser, sollten damit Teil der Missionsgeschichte Deutschlands werden.

Blick von Osten auf die Abtei von Cluny: Konventsgebäude (18. Jh.) und Türme der Klosterkirche (Cluny III, 1088–1130)

Mission durch Kultivierung? Die Zisterzienser

Zieht man die Bedeutung Magdeburgs für die Gebiete östlich der Elbe in Betracht und die Tatsache, dass Norbert von Xanten, der Gründer des Prämonstratenserordens, hier Bischof war, dann fiel unter den Orden zuerst eben jenen Prämonstratensern eine wichtige Rolle für die Mission zu. Die erste Initiative ging von dem Prämonstratenser Wigger aus, der mit Norbert von Xanten nach Magdeburg gekommen war und dort dem Kloster Unserer Lieben Frauen vorstand. Im Jahr 1138 wurde Wigger zum Bischof von Brandenburg geweiht, und er übernahm damit ein Bistum, das durch den Slawenaufstand von 983 immer noch geschädigt war. Faktisch bestand das Bistum nur aus dem Anspruch Wiggers auf den Bischofsstuhl, den er gar nicht einnehmen konnte, da die Stadt Brandenburg in slawischer Hand war. So war der Sitz der Bischöfe provisorisch in das südöstlich von Magdeburg liegende Leitzkau verlegt worden, wo ein Prämonstratenserkloster gegründet worden war, kurz bevor Wigger hierherkam. Leitzkau (beziehungsweise das Kloster) wurde für einige Jahre zum Missionszentrum.

Ein auffällig zwiespältiges Verhältnis hatte Wigger zum Wendenkreuzzug von 1147: Er beteiligte sich daran, hielt aber das Kreuzzugsheer aus seinem Bistum fern. Vielmehr koalierte er mit dem slawischen Fürsten Pribislaw-Heinrich, der die Gründung eines Prämonstratenserklosters in Parduin unterstützte. Noch heute erinnert der Straßenname in der Altstadt Brandenburgs an diese Siedlung, die also direkt neben der Brandenburger Dominsel, dem Bischofssitz, lag. Nach Pribislaws

Tod fiel sein Gebiet an Markgraf Albrecht den Bären, der Wigger jedoch ebenso wenig auf der Dominsel residieren ließ – diese wurde erst 1165 wieder freigegeben. Für das Bistum Havelberg hatten die Prämonstratenser ebenfalls eine wichtige Bedeutung: Im Jahr 1144 gründeten sie ein Kloster in Jerichow. Albrecht der Bär erwies sich insgesamt als Verhinderer einer intensiven Missionsarbeit in den ihm gehörenden Gebieten. Kolonisation und Mission waren somit nicht dasselbe. Die Prämonstratenser, die auch weiter im Westen, im deutschen Kernland, aktiv waren, spielten demnach bei der Christianisierung der Deutschen durchaus eine Rolle. Im Vergleich zu anderen Orden war ihr Beitrag allerdings eher gering, insbesondere im Vergleich zum Zisterzienserorden.

Der Heilige Norbert wird zum Erzbischof geweiht; Tafelbild von Andreas Brugger, um 1790.

Die Ausbreitung der Zisterzienser erfolgte sehr dyna-
misch, so dass im Laufe des 12. und des 13. Jahrhunderts
Europa von einem dichten Netz von Klöstern überzogen
wurde. Und tatsächlich waren diese Klöster vernetzt in
dem Sinne, dass sie untereinander in Kontakt standen.
Dies war schon dadurch begründet, dass sie nicht zufällig,
sondern als Filiationen (als Tochtergründungen) bereits
bestehender Klöster entstanden waren. So war das erste Zisterzienserkloster auf deutschem Boden, das 1123
gegründete Kamp (Altenkamp) am Niederrhein, eine
Tochter des Klosters Morimond und die Mutter von
weiter östlich gelegenen Klöstern: Walkenried, Volkenroda
und Amelungsborn wurden zwischen 1129 und 1135 als
erste Filialklöster von Altenkamp errichtet. 1137 wurde
das Kloster Pforta (später: „Schulpforta") an einem Ne-
benarm der Saale mit Mönchen aus Walkenried besiedelt.
1141 gründeten Walkenrieder Mönche das bei Eisleben
liegende Kloster Sittichenbach, von dem aus dann die
Klöster Lehnin in Brandenburg sowie Buch und Grün-
hain im heutigen Sachsen besiedelt wurden.

Das im Jahr 1180 gegründete Lehnin war insofern
eine Besonderheit, als es das Hauskloster des Geschlech-
tes der Askanier war, das auf den Markgrafen Albrecht
den Bären zurückging. Sein Sohn Otto I. war der Gründer des Klosters Lehnin, das damit innerhalb der Mark-
grafschaft Brandenburg eine starke Stellung hatte und
auch als Grablege der Askanier diente. Zur Betonung
seines besonderen Werts wurde es als direktes Toch-
terkloster von Morimond angesehen. Otto stattete das
Kloster mit dem Besitz von Dörfern, Fischereirechten
in den umliegenden Seen und regelmäßigen Einnah-
men aus, so dass es wirtschaftlich abgesichert war. Allerdings wurde der Gründungsabt Sibold wahrscheinlich
getötet. Wiewohl es sich dabei vielleicht um eine eher
legendarische Überlieferung handelt, ist es nicht un-
wahrscheinlich, dass die dominante Position des Klosters
in religiöser wie wirtschaftlicher Hinsicht zu heftigen
Reaktionen in der slawischen Bevölkerung führen
konnte. Eine ähnliche Funktion erfüllte das Kloster
Chorin für eine Seitenlinie der Askanier, nachdem die
Mark Brandenburg unter zwei Zweigen des askanischen
Herrscherhauses aufgeteilt worden war. Nach einer erneuten Teilung wurde das Kloster Himmelpfort in der
Uckermark gegründet, um als Grablege für eine weitere
Seitenlinie zu dienen.

Die Ausbreitung des Zisterzienserordens
✝ 🏠 ● Cîteaux mit späteren Tochterklöstern
Die vier ältesten Tochterklöster von Cîteaux
✝ 🏠 ● Clairvaux mit Tochterklöstern
✝ 🏠 ● Pontigny mit Tochterklöstern
✝ 🏠 ● La Ferté mit Tochterklöstern
✝ 🏠 ● Morimond mit Tochterklöstern
✠ Ritterorden mit Zisterzienserregel
(kleinere Filiationen ohne Namen verzeichnet)

Falkenau

Kinloss

Coupar

Melrose

m-Cultram

Rievaulx

Kirksted

Merevale
Bordeslay

ntern

Waverley

Lieu Dieu

Chaalis

Longpont

La Trappe

avigny

Aumône

Clairvaux

Pontigny

Morimond

Cîteaux

La Ferté

Trois-Fontaines

Wettingen

Salem

Stams

leneuve

Orval

Maulbronn

Heisterbach

Eberbach

Ebrach

Plaß

Saar

Wisowitz

Zwettl

Heiligenkreuz

Zirc

Rein

-Dame-
de-Ré

La-Grace-Dieu

Bellaigue

Bonnaigue

Tamie

Hauterive

Follina

Viktring

Landstraß

Sittich

Ercsi

Egres

Czikador

Dalon

Obazine

onlieu

Cadouin

Aiguebelle

Locedio

Morimondo

Tiglieto

Fontevivo

Chiaravalle

Po

Adria

Castagnola

Grandselve

Sénanque

Le Thoronet

Monte Acuto

San Galgano

San Martino

Arabona

Tremiti

elade

Fontfroide

Valbonne

iva

Rom
Palazzuolo

Casamari
Fossanova

Poncio

Amalfi

Galesco

La Carita

Escarpe

Rueda

Stes. Creus

Santa Maria
delle Paludi

Cabuabbas

Sardinien

Sambucina

SS. Trinità del Legno

Corazzo

San Stefano del Bosco

La Real

Balearen

Ustica

Mittelmeer

Palermo

La Nuara

Sizilien

Korsika

Varnhem

Alvastra

Roma

Gotland

Dünamünde

Nydala

Vitsköl

Esrom

Herrevad

Ostsee

Sorö

Lügümkloster

Holme

Ruhekloster

Hiddensee

Bukow

Oliva

Pelplin

Reinfeld

Doberan

Eldena

Kolbatz

Lekno

Lond

Nordsee

Klaarkamp

Loccum

Elbe

Chorin

Lehnin

Obra

Neuzelle

Sulejów

Wachock

Altenkamp

Altenberg

Dobrilugk

Leubus

Oder

Jędrezejów

Szczyrzyce

Nivelles

Pforta

Altzella

Osseg

Waldsassen

Donau

Bélapátfalva

Pilis

Weichsel

Rhein

Rhône

0 50 100 150 km

Das Kloster Pforta

Das Zisterzienserkloster der Heiligen Maria an der Pforte (*Sancta Maria ad Portam*) wurde 1137 bei Naumburg gegründet, wobei nicht klar ist, was „Pforte" bedeutete. Das Kloster, dessen Standort nach der Fruchtbarkeit des Bodens ausgewählt worden war, bildete im Mittelalter sowohl ein kulturelles wie wirtschaftliches Zentrum – berühmt war der Ertrag seiner Weinberge – mit einem in bischöflichem Rang stehenden Abt. Das Kloster war von Anfang an reich mit Grundbesitz und anderen Schenkungen ausgestattet und eng an das Herrscherhaus der Wettiner gebunden. Wieder einmal ist schwer zu ermessen, was die Brüder außer der Verwaltung ihrer Güter und der Aufrechterhaltung ihres geistlichen Lebens taten und ob sie eine Außenwirkung hatten. Dies mag aber auch an der Quellenlage liegen, die vor allem das wirtschaftliche Leben widerspiegelt. Mit der Reformation kam die Säkularisierung, der das Kloster eine glänzende Nachblüte verdankt: Herzog Moritz von Sachsen, später Kurfürst, gründete hier eine der Landesschulen (neben Grimma und Meißen) zur Ausbildung von Nachwuchs für seine Landeskirche, und so entstand „Schulpforta". Die Schule behielt den Grundbesitz des Klosters und konnte sich auf diese Weise finanzieren. Im 19. Jahrhundert sah die Schule später berühmt gewordene Gelehrte wie Leopold von Ranke, Friedrich Nietzsche und den einmal sehr bekannten Historiker Karl Lamprecht. Bis heute ist sie eine prominente Internatsschule, nun in der Trägerschaft des Landes Sachsen-Anhalt.

Eine Tochtergründung von Pforta war 1175 Altzella (bei Nossen in Sachsen), von dem aus wiederum Neuzelle in der Lausitz errichtet wurde. Im gleichen Jahr wurde von Pforta aus Leubus an der Oder gegründet. Leubus wiederum war das Mutterkloster für Mogila (heute zu Krakau gehörend), Heinrichau und Kamenz in Niederschlesien. Diese Linie erstreckte sich noch weit in den Osten: Das Kloster Falkenau in der Nähe von Dorpat (Tartu) war ebenfalls eine Tochtergründung von Pforta. In ähnlicher Weise pflanzte sich das Zisterziensermönchtum vom Kloster Altenberg, das im Jahr 1133 im Bergischen Land errichtet worden war, nach Osten fort: Filiationen waren Mariental (1143, heute bei Helmstedt gelegen), Zinna (1171, bei Jüterbog gelegen) und Lekno (1143, in Polen gelegen). Solche Linien ließen sich weiter ausziehen. Somit stößt man immer wieder auf Gründungen, die in den Missionsgebieten jenseits der Elbe lagen, zum Beispiel Dobrilugk (Doberlug), Doberan, Dargun und Pelplin. Zweifelsohne waren die Zisterzienser also Teil einer Bewegung, die auf die Christianisierung dieser Gebiete zielte. Allerdings waren ihre Ansiedlungsversuche manchmal auch mit Misserfolgen verbunden.

Der Zisterzienserorden galt seit dem 19. Jahrhundert als jener Zweig der benediktinischen Tradition, der für die Christianisierung des Landes durch die Kultivierung unwirtlicher Gegenden viel geleistet hatte. Dieses Bild ist in den letzten Jahren oft einer kritischen Prüfung unterzogen worden. Dabei wurde etwa betont, dass die Zisterzienser entgegen ihren eigenen Vorschriften keineswegs immer als Pioniere in unbesiedelte Gegenden kamen, sondern dass sie zum Teil durchaus Kontakt zur Zivilisation hielten und sogar darauf angewiesen waren, weil sie nicht nur Landwirtschaft, sondern ebenso Handel trieben. Die Nähe von Siedlungen und Straßen war mithin erwünscht, und wenn Klöster in bereits urbar gemachten Gegenden lagen, konnten die Äcker, die dem Kloster geschenkt wurden, ohne Urbarmachung bewirtschaftet werden. Dementsprechend unterhielten die Klöster Handelsniederlassungen in den sich in Zahl und Größe gerade zu dieser Zeit vermehrenden Städten. Die Klöster entstanden zudem meist

Darstellung des während der Ernte betenden Bernhard von Clairvaux, Glasgemälde im Kölner Dom, um 1525

nicht aus dem Nichts, sondern verdankten sich Stiftungen und verfügten somit über eine gewisse „Anschubfinanzierung", die jedoch bescheiden ausfallen konnte, da die Stifter, die meinten, mit dem Geld etwas für ihr Seelenheil tun zu können, häufig aus dem Kleinadel stammten. Sozial- und wirtschaftsgeschichtlich ist leicht erkennbar, dass nicht die Mönche die Arbeit auf dem Felde, in Werkstätten und auf Märkten leisteten, sondern die Konversen, das heißt Laienmönche. Sie waren im Wesentlichen für den zweiten Teil des „Bete und arbeite" (*Ora et labora*) zuständig. Ihre Zahl war wie die der Mönche selbst unterschiedlich groß. So gab es im Jahr 1280 in Walkenried 80 Mönche und 180 Konversen, in Volkenroda 50 Mönche und 104 Konversen. Hinzu kamen in der Erntesaison noch Lohnarbeiter.

Die Gegenden, in welche die Zisterzienser kamen, waren also nicht menschenleer – freilich ist nur anhand archäologischer Funde zu klären, wie es um die Besiedlung jeweils stand, und dasselbe gilt für die Regionen jenseits der Elbe, in denen Slawen wohnten. Vorstellungen, dass die Zisterzienser Teil einer deutschen „Ostsiedlung" waren, die eine bessere Kultur mit sich gebracht habe, und dass es dabei um einen „Volkstumskampf" zwischen Germanen und Slawen gegangen sei, haben sich inzwischen wie die ganze Thematik erübrigt. Für die Einwohner des Landes waren die Klöster insgesamt jedenfalls nicht unattraktiv, denn aus ihren Kreisen kamen schließlich die Konversen.

Obschon die Zisterzienser nicht überall Pioniere bei der Besiedlung des Landes waren (und manchmal einfach Klöster von Benediktinern oder Augustiner-Chorherren übernahmen), ist doch ihre wirtschaftliche Pionierleistung beachtlich. Die Klöster waren Zentren eines eigenen wirtschaftlichen Organismus, der auf den Grangien (von lat. *grangium*, „Getreidespeicher") basierte: Diese Grangien waren Gutskomplexe von im Schnitt 10 bis 20 Bauernhöfen, die auf dem Grundbesitz der Klöster errichtet und von Konversen bewirtschaftet wurden. Teilweise wurde der Grundbesitz verpachtet und das Land nicht von den Klöstern selbst bewirtschaftet. Bis heute aber sind die Hinterlassenschaften der Zisterzienserwirtschaft wiedererkennbar: Die Klöster lagen an Wasserläufen oder an eigens umgeleiteten Kanälen, so dass die Strömung Mühlen antreiben und Unerwünschtes fortschwemmen konnte. Durch den Aufstau des

Die Mystikerin Mechthild von Magdeburg

Wassers konnten außerdem Fischteiche angelegt werden. Die Zisterzienser passten sich in ihrer Wirtschaftsweise geschickt den klimatischen Bedingungen an und experimentierten mit dem Weinbau und der Züchtung von Obstsorten, die von Kloster zu Kloster weitergegeben wurden. Selbst vom Kloster Walkenried aus wurde Weinbau betrieben, und zwar im Kyffhäusergebirge. Die Wirtschaftsbetriebe der Klöster konnten als Muster für die ansässige Landbevölkerung dienen, wie Landbau und Viehzucht effektiver zu betreiben waren, und dies war in einer Zeit wachsender Bevölkerung von hoher Bedeutung. So gestalteten die Klöster die Landschaft um, sei es von einem ursprünglichen, wilden Zustand in einen kultivierten oder von einem kultivierten Zustand in einen, in dem das Land noch nutzbringender bewirtschaftet wurde.

Die Zisterzienser übernahmen letztlich eine doppelte Aufgabe: die der Mission und die der „Binnenkolonisation" im Sinne einer Intensivierung des religiösen Lebens im gesamten deutsch zu nennenden Bereich. Klöster wie

Maulbronn, Herrenalb, Salem und Königsbronn lagen ja in längst christianisierten Gebieten. Nicht zu übersehen ist auch das Wirken der Zisterzienserinnen. Ihnen zuzurechnen (wiewohl dieses Kloster nicht in den zisterziensischen Klosterverband integriert war) ist ein großer Teil der Bewohnerinnen des Klosters Helfta, das vom Grafen Burkhard von Mansfeld und seiner Frau Elisabeth gestiftet worden war. Hierhin kamen Schwestern im Jahr 1258, nachdem es bereits zwei Vorgängerstandorte gegeben hatte, die sich allerdings als zu unwirtlich und im zweiten Falle als zu wenig wasserreich erwiesen hatten. Schon bald wurde Helfta zu einem Zentrum der Frauenmystik, wozu die Äbtissin Gertrud von Hackeborn erheblich beitrug. Gertrud von Helfta und Mechthild von Magdeburg gehören ebenfalls hierher. Die Frauenmystik sollte im Übrigen als eine Alternative zur scholastischen „Schultheologie" verstanden werden.

Nicht klar zu erkennen ist, wie (und ob) die Zisterzienser missionierten. Offensichtlich waren ihre bloße Gegenwart, ihr geistliches Leben und die Gruppe der Konversen als Bindeglied zur Bevölkerung wesentliche Faktoren. Hinzu kamen womöglich ihre Wirtschaftskraft und ihr Kirchbau, der trotz aller Bescheidenheit doch bis heute beeindruckt.

Jedoch war das Netz der Klöster in seiner Dichte überhaupt nicht zu vergleichen mit der Pfarrkirchenorganisation in den Dörfern. Die Pfarreien machten im Grunde die gesamte Organisationsform des Dorfes aus, was das geistliche und kulturelle Leben anging. Die hier tätigen Priester waren den Menschen viel näher als die Mönche, die zudem oft aus dem Adel stammten. Insofern darf der Beitrag der Zisterzienser zur Missionierung auch nicht überschätzt werden. Sie waren zwar präsent, ihre direkten Kontakte zum Volk waren aber nur schwach ausgeprägt.

Ritter als Missionare? Der Deutsche Orden

Die Pruzzen oder Prußen, also die im späteren Ostpreußen ansässige Bevölkerung, die nicht slawischer, sondern baltischer Herkunft war, führten wie die Slawen östlich der Elbe eine religiöse Sonderexistenz, wenn man das Christentum im deutschen Kaiserreich, in Polen und in Dänemark im 12. Jahrhundert schon als Normalfall ansehen will. Nachdem Adalbert von Prag und Brun von

Die Herkunft der Ritterorden

Die Eroberung Jerusalems und des „Heiligen Landes" durch die Kreuzritter im Jahr 1099 war auch die Folge eines geistlichen Aufbruchs oder einer „bewaffneten Wallfahrt", wie man es charakterisieren könnte. Die Motive waren demnach in der Sichtweise der damaligen Zeit durchaus edler Art und verbanden sich mit dem Ideal des Rittertums. So gründeten sich im Laufe des 12. Jahrhunderts die Orden der Templer, der Johanniter und der Deutsche Orden, wobei das Ritterideal bei den Templern und dem Deutschen Orden schon seit Beginn dazugehörte, den Johannitern dagegen erst später zuwuchs. Als Basis dienten den Ritterorden die gewaltigen Kreuzfahrerburgen, die teilweise bis heute sichtbar sind. Das Lebensideal war an das Mönchtum angelehnt und dementspre-

chend auf die Aspekte Armut, Keuschheit und Gehorsam ausgerichtet. Dabei waren die Träger dieser Ideale schwer bewaffnete Männer, welche die Pilger vor Übergriffen zu beschützen versuchten und mit ihren Hospitälern zugleich Pilgerherbergen wie medizinische Auffangeinrichtungen boten. Mit dem Ende der Kreuzfahrerherrschaft mussten sich die geistlichen Ritterorden neu orientieren. Der Deutsche Orden fand schließlich in Preußen ein neues Betätigungsfeld, die Templer wurden 1312 aufgelöst und die Johanniter verschlug es über Rhodos nach Malta. Durch einen bereits im Mittelalter in Brandenburg beheimateten Zweig, der im Zuge der Reformation evangelisch wurde, ergab sich eine Kontinuitätslinie, die im Jahr 1852 zur Neugründung des Johanniterordens führte.

Querfurt ihre Missionsaktivitäten bei den Pruzzen mit dem Leben bezahlt hatten, wurden die Missionierungsversuche im 12. Jahrhundert wieder aufgenommen, und hierbei spielte das Zisterzienserkloster Lekno eine wichtige Rolle. Am Anfang des 13. Jahrhunderts operierte von hier aus der Abt Gottfried, der dann den Namen Christian annahm. Er wurde 1215 von Papst Innozenz III. zum Missionsbischof für die Pruzzen ernannt und erhielt zwei Jahre darauf durch Papst Honorius III. das Recht, Bischöfe zu weihen. Honorius genehmigte zugleich einen Kreuzzug gegen die Pruzzen, ermahnte allerdings die Kreuzfahrer, ihre Waffen nur zum Schutz Christians und der getauften Pruzzen einzusetzen, nicht aber die Pruzzen zu unterwerfen, denn dies würde sie von der Taufe abschrecken. Das Kreuzzugsunternehmen führte am Ende jedoch zu nichts.

Einen Durchbruch sollte die Berufung des Deutschen Ordens ins Pruzzenland bringen. Dies geschah im Jahr 1226 durch eine besondere Urkunde, die „Goldene Bulle von Rimini", die Kaiser Friedrich II. in dieser süditalienischen Stadt ausfertigen ließ. Der Deutsche Orden erhielt damit die Landesherrschaft über das Gebiet der Pruzzen – doch musste der Orden das Land erst noch erobern. Rückendeckung für dieses Vorgehen erhielt er durch den polnischen Herzog Konrad von Masowien, der sich der Überfälle der Pruzzen nicht mehr zu erwehren wusste. Sein eigener Versuch, einen Ritterorden zu begründen, war gescheitert. Ein erneuter Kreuzzugsaufruf, nun durch Papst Gregor IX., setzte das Kreuzfahrerheer in Bewegung. Der erste Stützpunkt der Deutschordensritter war das 1231 gegründete Thorn, weitere wichtige Stützpunkte waren Kulm und Marienwerder, von wo aus der Orden nach Nordosten vorstieß, letztlich bis ins Baltikum. Währenddessen versuchte Bischof Christian, die Oberhand zu behalten und nicht allein die geistliche, sondern auch die weltliche Herrschaft über das Ordensland zu behaupten. Allerdings geriet er zunächst einmal für fünf Jahre in die Gefangenschaft der Pruzzen. Letzten Endes konnte er sich nicht durchsetzen und zog sich mit dem Eintritt ins Kloster aus dem

Kaiser Friedrich II. entlässt Ritter des Deutschen Ordens in Marburg zur Kolonisierung des Pruzzenlands; kolorierter Holzstich nach einem Fresko von Peter Janssen, um 1890.

Geschehen zurück. Ohne seine Einwilligung hatte Papst Gregor IX. das Land inzwischen in vier Bistümer geteilt und es, obwohl offiziell für den Heiligen Stuhl reklamiert, dem Deutschen Orden übergeben.

Ein bedeutendes Ereignis bei der Eroberung des Landes stellte der 1249 geschlossene Friede von Christburg dar, der die Pruzzen (aber nur die Christen unter ihnen) als Vertragspartner anerkannte. Jedoch hatte der Friedensschluss keinen dauerhaften Bestand: 1260 brach ein Aufstand der Pruzzen los, der über Jahre andauerte. Erst um das Jahr 1280 kam das Land zur Ruhe. Ob sich den Ordensrittern die Christianisierung der Bevölkerung verdankte, ist durchaus fraglich. Der Chronist des Geschehens, Peter von Duisburg, charakterisiert in seiner Geschichte des Preußenlandes die Bewohner anders, als Adam von Bremen es tat: Sie seien dumm und abergläubisch, könnten nicht lesen, verstünden nicht, was ein Brief ist, und verehrten Tiere und Wälder als Götter. Die höchste Form der Gastfreundschaft bestehe bei ihnen darin, die Gäste betrunken zu machen. Die Eroberung des Landes war aus dieser Perspektive also ein kultureller und religiöser Segen, und die Ritter waren neue Makkabäer, Streiter für die Wahrheit, deren Tun ständig von Wundern begleitet war. Ob und wie missioniert wurde, beschreibt Peter von Duisburg hingegen nicht.

Es dürfte auch hier die Pfarrorganisation gewesen sein, auf deren Grundlage sich die Mission vollzog. Durch sie lernten die Bewohner des Landes in kleinteiligen Raumstrukturen das Evangelium kennen und wurden in ihren religiösen und sozialen Bindungen von der Kirche in die Pflicht genommen. Andere Bewegungen traten zu dieser Pfarrorganisation allerdings in echte Konkurrenz, und das waren die Bettelorden.

Volksmission in den Städten: Franziskaner und Dominikaner

Das 13. Jahrhundert ist die Entstehungszeit der großen Bettelorden, unter denen die Franziskaner und die Dominikaner hervorzuheben sind. Noch zu Lebzeiten des Franziskus (er starb im Jahr 1226) hatten sich die Franziskaner als Orden konstituiert und begonnen, sich über Italien hinaus auszubreiten. So wurde aus der kleinen Gruppe, die Franz von Assisi um sich gesammelt hatte, eine hoch organisierte Bewegung, die schließlich bis nach Deutschland kam. Rasch wurden die Städte zum bevorzugten Wirkungsfeld der Franziskaner, die sich die Predigt und die Armenfürsorge zur Aufgabe gemacht hatten, aber ebenso die Mission, an der man sich nicht nur im muslimischen Nahen Osten, sondern auch im christianisierten Europa versuchte. Die Christianisierung im Inneren schien also immer noch nicht abgeschlossen, jedenfalls nicht in den in Zahl und Größe expandierenden Städten. Hier wandten sich die Brüder jedoch nicht nur den Armen zu, sondern öffneten sich darüber hinaus den religiösen Bedürfnissen des Bürgertums und der städtischen Eliten, indem sie öffentlich predigten und Seelsorge leisteten, wobei Seelsorge hier im Sinne der Sorge um die Seelen (*cura animarum*) im Zusammenhang mit der Beichte gesehen werden muss. Außerdem betätigten sich die Franziskaner in der Pflege von Kranken und Siechen, also chronisch Kranken und an Seuchen Leidenden. Ihre Kirchen standen den Städtern offen, denn sie gliederten sich in den Mönchschor und die Gemeindekirche, und die Schranke zwischen beiden war der Lettner, eine zunächst hölzerne und bald kunstvoll ausgestaltete Balustrade.

Neben der geistlichen Funktion hatten die Franziskaner zugleich eine große Bedeutung für das soziale und rechtliche Zusammenleben in der Stadt. Sie fühlten sich dem Ideal der *Pax* verpflichtet, also dem des Friedens, was zuerst einmal Gewaltverzicht im alltäglichen Zusammenleben hieß: Das allgegenwärtige Faust- und Fehderecht sollte eingedämmt werden, und Konflikte sollten friedlich und in rechtlich geregelter Weise beigelegt werden statt mit Gewalt. Die sich allmählich bildenden Stadträte sahen darum in den Franziskanern Garanten des innerstädtischen Friedens, wenngleich das Gewaltproblem das ganze Mittelalter über virulent bleiben würde. Noch gehoben wurde das Ansehen der Franziskaner dadurch, dass die Klöster sich für die städtischen Belange interessierten und sich für die Politik des Rates engagierten. Wo die Bürger im Kampf mit dem Bischof lagen, stellten sich die Mönche oft gegen den Bischof auf die Seite der Bürger. Wo es bislang keine Rathäuser

Die Heiligen Dominikus und Franziskus, Gemälde von Angelo Leoni, um 1615

gab, fanden die Ratssitzungen oft im Speisesaal des Klosters statt, dem Refektorium, oder in der Klosterkirche selbst. Diese diente auch zum Vollzug sakraler Akte im städtischen Leben; hier konnte zum Beispiel der Rat vereidigt werden. Im Kloster konnten zudem Gäste des Rates wohnen.

Dementsprechend sahen die Bürger gerade die Franziskanerklöster als Einrichtungen städtischen Interesses an. Sie förderten oft die Ansiedlung solcher Klöster, stellten Baugrund zur Verfügung und bereicherten durch Stiftungen und Schenkungen das klösterliche Leben. Nicht zuletzt traten viele Bürger selbst in diese Klöster ein, so dass es familiäre Beziehungen zwischen Stadt und Bettelordenskloster gab. Dass oft die Stadtchronik von Bettelmönchen geführt wurde, rundet das Bild ab. Die Zünfte konnten ebenfalls im Kloster tagen und hier ihr Archiv einrichten. Im Gegenzug mussten die Mönche, wenn ihr Kloster in der Nähe der Stadtmauer lag, dafür sorgen, dass das entsprechende Mauerstück intakt und bemannt war. Die Mönche waren also in die Stadtver-

teidigung involviert, was gelegentlich durchaus für Konflikte zwischen Bürgern und Bettelmönchen sorgte, weil man die Mönche beschuldigte, zu nahe an der Mauer zu bauen und so einem Feind das Überwinden der Mauer zu erleichtern. Einen Namen machten sich die Franziskaner ferner als Vorkämpfer gegen missliebige Außenseiter – ein Beispiel dafür ist Berthold von Regensburg, der gegen die Ketzer (Katharer) predigte.

Im Jahr 1221 hatte die Arbeit der Franziskaner in Deutschland begonnen, nachdem Brüder von Assisi gemäß apostolischem Vorbild zu zweit oder zu dritt nach Augsburg entsandt worden waren. Hier versammelten sich 31 von ihnen, die dann wiederum in verschiedene Teile Deutschlands geschickt wurden, wobei dies zuerst einmal die ältesten christlichen Regionen waren. Der Leiter der gerade errichteten deutschen Ordensprovinz, Caesarius von Speyer, stand in enger Verbindung mit Franz von Assisi, und er schickte Brüder nach Worms, Mainz, Speyer, Würzburg, Köln, Salzburg und Straßburg. Der Gründungsversuch in Salzburg scheiterte, denn die

Berthold von Regensburg

Seinen Beinamen erhielt Berthold aufgrund seiner Geburt in Regensburg, wo
er im Jahr 1272 auch starb. Als Prediger
aber war er an vielen Orten aktiv, zuerst
in Augsburg und dann vor allem im süddeutschen Raum, ebenso jedoch in Böhmen, der Schweiz und Österreich. Berthold predigte in Lateinisch und Deutsch
und wurde insbesondere als Bußprediger
bekannt, der die Zustände in den Städten
scharf kritisierte. Allerdings sind seine
Predigten nicht authentisch überliefert,
sondern erst einige Jahrzehnte später
von anderen rekonstruiert worden. Das
Hauptlaster war demnach für Berthold
die „Gitekeit", also der Geiz oder die
Habgier, die in erster Linie ein Laster äl-
terer Menschen war, die alles festhalten
wollten. Keuschheit, Demut, Mildtätig-
keit und Treue, für ihn die vier Kardinal-
tugenden, waren im städtischen Leben
fortwährend bedroht, und auch die Bauern betrogen sich seiner Meinung nach
ständig gegenseitig. Aus heutiger Sicht
lässt sich das leicht als Kritik am „Früh-
kapitalismus" und der „Geldwirtschaft"
lesen, andererseits wird man Berthold
damit nicht gerecht, dem es doch nicht
zuletzt darum ging, dass die persönliche
Lebensführung auf die Gebote Gottes und nicht auf
die Versuchungen des Teufels ausgerichtet werden
sollte. Wie so viele Bettelordensbrüder predigte er
ebenfalls gegen die Ketzer, die Katharer also, die

Berthold von Regensburg predigt vor einer Kirche, Buchminiatur, 1447.

sich zu seiner Zeit im süddeutschen Raum verbreiteten – dies aber auf Latein, wobei die Authentizität
dieser Predigten wiederum fraglich ist. Eine weitere
Zielgruppe waren die Juden.

asketisch lebenden Prediger waren nicht überall gern
gesehen. In der Regel aber nahmen die Stadtbürger die
Brüder gern auf und kümmerten sich um ein erstes
Quartier für sie. Dabei handelte es sich anfangs immer

nur um eine kleine Gründergruppe, die dann vor Ort
weitere Brüder anwerben musste. Auch Adlige statteten
die Gründergruppen gern mit einem Startkapital in
Form eines Grundstücks und eines Gebäudes aus.

Die Katharer

Nicht zufällig ist das deutsche Wort „Ketzer" von der Bezeichnung der ersten größeren Ketzerbewegung in Westeuropa abgeleitet, den „Katharern" („die Reinen"), wobei dieser Name wiederum kein selbst gewählter ist. Auch die Katharer sahen sich als Reformbewegung in einer Kirche, die sich in ihren Augen von den Grundlagen entfernt hatte. Diese Reformer hatten ihre Zentren in Norditalien und Südfrankreich, und von dort aus machten sie sich seit ungefähr 1140 in Deutschland bemerkbar, indem sie sich rheinaufwärts ausbreiteten. Die Katharer waren ebenfalls eine Missi-

Vertreibung der Katharer aus Carcassonne, französische Buchmalerei, 14. Jh.

onsbewegung, deren Vertreter aber gegen die inzwischen etablierte Kirche und vor allem den Klerus predigten und an das apostolische Ideal der Armut erinnerten. Dies taten andere Bewegungen wie die Franziskaner zwar nicht weniger, allerdings konnten sie in die Kirche integriert werden. Die Katharer dagegen legten auf Integration keinerlei Wert, sondern bauten selbst eine Organisation mit Klerus und eigenen Sakramenten auf. Außerdem gehörte zu ihren Lehren die seit der Antike immer

wieder aufkommende Vorstellung, die geschaffene Welt sei böse – was dem christlichen Schöpfungsglauben widersprach. Mit ihrer Botschaft fanden die Katharer eine recht große Anhängerschaft, und umso heftiger war die Gegenreaktion, die nicht nur in Gegenschriften und Gegenpredigten etwa einer Hildegard von Bingen oder eines Berthold von Regensburg bestand, sondern ebenso in gewaltsamer Unterdrückung, die in Südfrankreich sogar zu einem Kreuzzug eskalierte.

Einer der ersten Brüder war Jordan von Giano, der zum Chronisten der frühen Franziskaner in Deutschland wurde – freilich erst vier Jahrzehnte später, denn seine Erlebnisse wurden von einem anderen Bruder aufgeschrieben, dem er im Jahr 1162 davon erzählt hatte. Zu diesem Zeitpunkt war die Ausbreitung der Franziskaner bereits eine Erfolgsgeschichte. Dass die Anfänge eher waghalsig waren, erwähnt Jordan allerdings ebenfalls. Dazu gehört schon der Bericht über einen ersten Ansiedlungsversuch von Franziskanern, der 1217 daran scheiterte, dass die rund 60 entsandten Brüder nicht des Deutschen mächtig waren und man sie darum für Ketzer oder Narren hielt. An dieser Stelle wird jedoch zugleich deutlich, dass Jordan einen Sinn für skurrile Geschichten hatte. Außerdem dient die Episode nicht zuletzt dazu, deutlich zu machen, was für ein grausames Land Deutschland sein musste: Nach diesen Ereignissen war bei einem erneuten Versuch für die Brüder nur das Martyrium zu erwarten. Teil dieses neuerlichen Versuchs war dann auch Jordan von Giano. Ähnlich wie in den Viten früherer Missionare spielte somit wieder das Motiv eine Rolle, dass das Missionsland (obwohl Deutschland faktisch als christianisiert gelten konnte) unwirtlich war und viele Widerstände bieten musste. Doch gilt dies in dem Bericht des Jordan nicht weniger für andere Länder wie Spanien und Ungarn, wo die Brüder genauso unfreundlich empfangen wurden. Die Deutschen aber stachen besonders hervor, denn ihr Kennzeichen war die *ferocitas* – sie waren also „Wilde". Die Brüder jedenfalls, die sich für einen zweiten Versuch bereit erklärten, taten dies mit Todesmut, wie Jordan betont, und sie hatten rasch Erfolg, der nicht in geringem Maß auf ihrer Demut und Armut beruhte, mit der sie offensichtlich Menschen anzogen, die diese Tugend in der Kirche sonst nicht fanden.

Wiewohl die ersten Gründungen in Südwest- und Westdeutschland (in Bayern waren die Anfangserfolge bescheiden) lagen, wurde schon im Jahr 1225 ein Franziskanerkloster weit im Norden, in Lübeck nämlich, errichtet. Bereits zwei Jahre zuvor waren Franziskaner in Magdeburg zu finden und bald darauf in Brandenburg, Sachsen und Pommern. Angesichts der raschen Ausbreitung wurde die Ordensprovinz Teutonia in weitere Verwaltungseinheiten geteilt. Nicht gern gesehen waren die Aktivitäten der Franziskaner allerdings bei Kaiser Friedrich II., da sie Parteigänger seines Hauptgegners waren, des Papstes.

Jordan von Giano war der Anführer einer Gruppe, die sich früh nach Thüringen wandte und nach Erfurt und in andere Städte kam. Hier machte sich schließlich bemerkbar, dass die Pfarrgeistlichkeit die eifrigen Franziskaner-Prediger als Konkurrenz empfand. Dies galt ebenso für die längst in den Städten etablierten Klöster wie die der Benediktiner. Nach der Unterstellung des Ordens unter den Schutz des Papstes im Jahr 1231 hatten die Franziskaner zudem die Autorität Roms hinter sich und wollten darum auch nicht auf die Anerkennung durch die Ortsbischöfe angewiesen sein, die ihnen dieselbe ihrerseits aufzunötigen versuchten.

Dass die Franziskaner letztlich das Schicksal aller Reformbewegungen teilten (und wie diese ihrem Reformanliegen entfremdet wurden), wusste dann Martin Luther zu kritisieren, aber es entsprach durchaus den weiteren Entwicklungen im Mittelalter. Die Akzeptanz der Bürger für die Franziskaner war ohnehin gesunken, als diese im 15. Jahrhundert in den Städten immer reicher wurden. Die Bereitschaft zu Stiftungen und Schenkungen erstarb, und den Bettelmönchen versuchte man städtischerseits eine Kontrolle über ihre Finanzen aufzuzwingen.

Die Dominikaner, dem eigentlichen Namen nach der „Predigerorden", machten sich zur gleichen Zeit wie die Franziskaner auf, um in ganz Europa den rechten Glauben zu predigen und nicht zuletzt die Ketzer (namentlich die Katharer) zu bekämpfen. Wieder kamen die ersten Mönche von außerhalb, nämlich aus Paris, und sie begannen ebenfalls zuerst in Köln, Straßburg und Worms, also in alten christianisierten Städten. Schnell erfolgte die Ausbreitung über ganz Deutschland, darunter in Städte wie Magdeburg (1224) und Danzig (1227). Allerdings war das Netz der dominikanischen Niederlassungen weniger dicht als das der franziskanischen. Andererseits kooperierten sie enger mit den Bischöfen.

Eine eigene Wirkung hatten klösterliche Gemeinschaften von Frauen, die es in allen Orden gab. Hinzu kamen Gemeinschaften, die sich selbstständig etablierten und im 13. Jahrhundert als „Beginen" bezeichnet wurden. Zwar konnten die so zusammenlebenden Frauen nicht wie die Mönche öffentlich predigen, aber einzelne wie Hildegard von Bingen predigten dennoch und beeinflussten mit ihren Schriften das Lesepublikum.

Hildegard von Bingen

Als Achtjährige wurde die aus einer adligen Familie stammende Hildegard einer Verwandten anvertraut, die zu dieser Zeit selbst noch eine junge Frau war und die das Leben als „Reklusin", also als weltabgeschieden lebende Klausnerin gewählt hatte. Je mehr Hildegard später selbstbewusst und ohne Scheu vor Konflikten in die Öffentlichkeit trat, desto mehr Frauen zog sie an, so dass die kleine weltabgeschiedene Wohngemeinschaft, die unter der Aufsicht eines Benediktinerklosters auf dem bei Bad Kreuznach liegenden Disibodenberg stand, sich verselbstständigte. Hildegard betrieb daraufhin die Gründung eines eigenen Benediktinerinnenkloster auf dem Rupertsberg bei Bingen, dessen Leitung sie übernahm. Wenngleich Hildegard von sich selbst sagt, sie habe bereits als Kind religiöse Offenbarungen gehabt, fallen ihre frühesten überlieferten Visionen erst in die Vierzigerjahre des 12. Jahrhunderts, als Hildegard schon über 40 Jahre alt war. Gern gesehen war ihr selbstbewusstes Auftreten als Visionärin freilich nicht, und so besorgte sich Hildegard ein Empfehlungsschreiben des berühmten Bernhard von Clairvaux (oder sie fälschte es nur). Schließlich erhielt sie 1147 die päpstliche Genehmigung zur Veröffentlichung ihrer Offenbarungen, in die sie auch viel Theologisches und Kritik an den Zuständen ihrer Zeit einkleidete. Mit ihren in die Jahre 1158 bis 1171 fallenden Predigtreisen an Rhein, Main, Mosel und Neckar überschritt sie ebenfalls die für eine Frau vorgesehenen Kompetenzen.

Die Heilige Hildegard von Bingen als Visionärin, Gemälde im Kloster der Kreuzschwestern auf dem Rochusberg, Bingen, 1920

Wie christlich wurden die Deutschen?

Ein christliches Abendland?
Oder ein finsteres Mittelalter?

Fromm und doch nicht christlich?
Deutschland am Vorabend der Reformation

Das Christentum wurde im Mittelalter zu einem Grundbe-
standteil des städtischen Lebens. Hier ist eine Straßenszene in
einer deutschen Stadt des frühen 16. Jahrhunderts zu sehen
(Zinkätzung nach Johannes Gehrts, 1892).

Die Frage, ob die Deutschen „wirklich" Christen wurden, ist lange konfessionell unterschiedlich beantwortet worden und wird bis heute, inzwischen auch mit weltanschaulichen Hintergründen, unterschiedlich beantwortet. Aus evangelischer Sicht konnte nur die Reformation die wahre Verchristlichung der Deutschen bedeuten, da sie die Zeit der Papstkirche überwunden, Christus wieder zum Herrn der Kirche gemacht und das Licht des Evangeliums neu zum Leuchten gebracht hatte, nachdem es durch die mittelalterliche Theologie verdunkelt worden war. Aus katholischer Sicht war aber gerade die Reformation der Anfang vom Ende der Christlichkeit eines Großteils der Deutschen, da diese Christlichkeit allein als wahre, katholische Kirchlichkeit denkbar war. In weltanschaulicher Hinsicht konnte dem Christentum insgesamt vorgeworfen werden, dass es zur Zersetzung des wahren germanischen Wesens geführt habe und die Christianisierung der Deutschen somit ein

Irrweg sei. Dies ist nicht nur eine Auffassung völkischer und nationalsozialistischer Kreise des späten 19. und 20. Jahrhunderts, sondern sie ist genauso heute noch (oder wieder) in rechtsradikalen Kreisen zu finden.

Wie christlich die Deutschen durch die Mission und die Christianisierung nach innen wurden, lässt sich kaum messen. Schon die mittelalterliche Mission hatte damit zu kämpfen, dass viele Menschen den kirchlichen Moralvorstellungen gerade im Hinblick auf die Sexualität nicht gänzlich folgten. Aus heutiger Sicht lässt sich dies eher distanziert registrieren, haben sich doch die Moralvorstellungen erheblich pluralisiert. Dass es mit der Lebenspraxis und Amtsführung der Priester nicht immer zum Besten stand, ließe sich als ein weiteres Defizit anführen, das ebenfalls schon längst vor der Reformation diagnostiziert wurde. Gerade zur Behebung dieses Defizits wurde in den Reformbestrebungen des Spätmittelalters viel Aufwand betrieben. Aber was den

Zwischen Leben und Tod: eine Gruppe der zu Ketzern erklärten Waldenser auf der Flucht vor ihren Verfolgern; Gemälde von Carl Heinrich Hoff, 1885

Priestern eigentlich fehlte, war Bildung und eine bessere Integration in die Gesellschaft, und diesem Missstand half erst die Reformation effektiv ab.

Das mittelalterliche Christentum – besser gesagt: die Kirche – hatte selbst bereits ein Definitionsproblem, was die wahre Christlichkeit anging. Im Endergebnis wurden zu Ketzereien erklärte Strömungen wie die Katharer ausgeschlossen und bekämpft, und ebenso erging es beispielsweise den Waldensern, die mit ihrem Armutsideal und ihrem Predigtauftrag gar nicht einmal so verschieden von den Franziskanern waren. Manche Strömung in der Mystik wurde in die Kirche integriert und manche, die ihre Visionen nach außen trug, eben nicht. Aus heutiger Sicht könnte es daher strittig sein, ob die etablierte Kirche das Christentum repräsentierte oder nicht viel eher solche Bewegungen, die eine intensive individuelle Frömmigkeit, möglicherweise außerhalb der organisierten Kirche, favorisierten.

Nun ist in den letzten Jahrzehnten in der evangelischen Kirchengeschichtsschreibung immer wieder betont worden, dass das hohe und späte Mittelalter von einer intensiven Frömmigkeitspraxis geprägt war. Die Vielfalt dieser Frömmigkeitspraxis wirkt durchaus bis in unsere Zeit nach. Dafür steht zum Beispiel das Fronleichnamsfest, das im 13. Jahrhundert eingeführt wurde und die Verehrung der Hostie (als Leib Christi) fördern sollte. Aber auch die Weihnachtskrippe stammt aus dieser Zeit, ursprünglich bestehend aus lebensgroßen Figuren, wie sie noch immer in katholischen Kirchen zu sehen sind. Die Frömmigkeit des Mittelalters spiegelt sich bis heute in den Ausstattungen von Kirchen: Die Sorge der Menschen um ihr Seelenheil und das ihrer Angehörigen ließ sie fromme Stiftungen errichten und nicht zuletzt Grabmäler und Altäre, die das Gedächtnis an die Verstorbenen lebendig halten sollten. Die christliche Frömmigkeit wäre demnach jedenfalls bei den Menschen, deren Zeugnisse wir jetzt noch sehen können, tief verankert gewesen. Dass dies auf evangelischer Seite lange nicht so betrachtet wurde, hing mit dem Geschichtsbild der Reformation und des Protestantismus zusammen, das stark von dem Kontrast zwischen Finsternis und Licht geprägt war. Auf katholischer Seite wurde in der Zeit des Mittelalters dagegen das Bild von einem in sich geschlossenen christlichen Abendland zu einem Leitbild der historischen Erinnerung.

Ein christliches Abendland? Oder ein finsteres Mittelalter?

Der Begriff „christliches Abendland" – heutzutage auch gerne ohne „christlich" gebraucht – findet immer wieder Verwendung, etwa in Festreden, in denen eine mittelalterliche und verloren gegangene Einheit Europas beschworen wird. Dabei wurde der Begriff lange nur im katholischen Bereich verwendet, obwohl er indirekt evangelischer Herkunft ist: Es war Martin Luther, der die drei Weisen, die Heiligen Drei Könige, in seiner Bibelübersetzung nicht einfach dem griechischen Text gemäß aus dem Osten, sondern aus dem Morgenland hatte kommen lassen. In Entsprechung dazu kam im 16. Jahrhundert der Begriff des Abendlandes auf, und zwar als geografische Bezeichnung für das Weströmische Reich oder das westliche Europa.

Eine andere Bedeutung nahm der Begriff dann im 19. Jahrhundert in einem romantischen Rückblick auf das Mittelalter an: Das Abendland wurde zu einer Kulturgröße, zuerst bezogen auf die römische Antike, dann auch auf die Germanen, und diese Kulturgröße wurde nicht zuletzt durch die katholische Kirche zusammengehalten, die mit ihrer Mission das Abendland recht eigentlich erst erschaffen hatte. Die mittelalterliche Missionierung der Deutschen wurde so ganz anachronistisch zu einem katholischen Projekt. Der Begriff „Abendland" und die mit ihm verbundenen Vorstellungen standen dabei gegen den konfessionellen Pluralismus der Neuzeit, gegen die Aufklärung und gegen die technischen und politischen Herausforderungen der modernen Welt des 19. Jahrhunderts. Schon in dieser Zeit gab es außerdem den Gedanken, das Abendland sei eine Art Bollwerk gegen die Expansion des Islams und die Korruption und Verweichlichung im Byzantinischen Reich gewesen, die schließlich zur Eroberung Konstantinopels durch die Türken geführt habe. Der Begriff wurde also mit Vorstellungen einer Bedrohung von außen aufgeladen.

Nach dem Zweiten Weltkrieg machte der Begriff noch einmal Karriere. Er bot die Möglichkeit, die Geschichte der Gegenwart auszublenden: Lieber wollte man an das Mittelalter vor 1000 Jahren denken als das 1000-jährige Reich und lieber an Karl den Großen als an Adolf Hitler. In Mainz wurde das Institut für Europäische Geschichte gegründet, das eine eigene Abteilung für abendländische

Novalis: *Die Christenheit oder Europa*

Novalis (Friedrich von Hardenberg) schrieb im Jahr 1799 einen Text, der auf dem Höhepunkt der Französischen Revolution die Frage nach der Zukunft stellte. Das Leitbild für diese Zukunft war das Mittelalter, das von Novalis überaus positiv dargestellt wurde: „Es waren schöne glänzende Zeiten, wo Europa ein christliches Land war, wo eine Christenheit diesen menschlich gestalteten Weltteil bewohnte." Freilich handelte es sich dabei um keine Mittelalter-Verklärung, sondern um die Überhöhung eines „Goldenen Zeitalters", das durch die Reformation und die Revolution ruiniert wurde und nun in neuer, noch besserer Form Wirklichkeit werden konnte. Gelegt waren die Grundlagen des Mittelalters durch Missionare („heilige Menschen"), die durch ihre Predigt die Liebe zur Kirche erweckt hatten: „Das waren die schönen wesentlichen Züge der echt katholischen oder echt christlichen Zeiten." Ein Wesensmerkmal dieser ersten Zeit war die Reliquienverehrung und die alle verbindende Stellung des Papsttums. Doch mit der Reformation war die Einheit dahin: „Mit der Reformation war's um die Christenheit getan. Von nun an war keine mehr vorhanden." Diese Einheit galt es nun wiederzugewinnen: „Die Christenheit muss wieder lebendig und wirksam werden und sich wieder eine sichtbare Kirche ohne Rücksicht auf Landesgrenzen bilden, die alle nach dem Überirdischen durstigen Seelen in ihren Schoß aufnimmt und gern Vermittlerin der alten und neuen Welt wird."

Religionsgeschichte bekam. Diese Abteilung sollte „nach der Sinngebung des Abendlandes im Christentum" suchen. Ihr Leiter war ein katholischer Kirchenhistoriker, Joseph Lortz, der als einer von wenigen katholischen Theologen mit der Ideologie des Nationalsozialismus sympathisiert hatte. Der Abendlandbegriff hatte aber nach dem Zweiten Weltkrieg nicht zuletzt deshalb Konjunktur, weil er gegen die Sowjetunion verwendet werden konnte. Zur gleichen Zeit wurde noch eine ganz andere Berufung auf das Abendland populär: Es war tauglich als eine verbindende Idee für die deutsch-französische Aussöhnung nach den verheerenden Weltkriegen. 1950 wurde in Aachen erstmals der Karlspreis in Erinnerung an Karl den Großen verliehen. Dieser Preis würdigt die Bemühungen um die Einigung des Abendlandes, natürlich im Angesicht der beiden Weltkriege. Zu den ersten Preisträgern zählten unter anderem Konrad Adenauer und der französische Politiker Robert Schuman, beide überzeugte Katholiken.

Den Protestanten blieb die Rede vom Abendland lange suspekt, denn der protestantische Fixpunkt war nicht die angebliche Einheit des Mittelalters, sondern der Neuanfang durch die Reformation. Das Abendland mochte es gegeben haben, durch Luther hatte es sich allerdings erledigt. Der protestantische Leitgedanke war lange der des „finsteren Mittelalters", und überhaupt ist der Begriff „Mittelalter" als Epochenbezeichnung protestantischer Herkunft: Nachweisbar zuerst im späten 17. Jahrhundert, sollte er die Epoche zwischen Antike und Neuzeit bezeichnen. Damit

Reformatorisches Flugblatt, das die „wahre" lutherische Glaubenslehre (links) den Praktiken der römisch-katholischen Kirche gegenübergestellt (rechts), kolorierter Holzschnitt von Lucas Cranach d. J., 1546

konnte die evangelische Kirchengeschichtsschreibung an Vorstellungen des Humanismus im 15. und 16. Jahrhundert anknüpfen: Ihnen zufolge gab es eine mittlere Zeit zwischen der Antike und ihrer Wiederentdeckung im Humanismus beziehungsweise in der Renaissance („Wiedergeburt"). Diese Beschreibung war jedoch vorwiegend literatur- und kulturgeschichtlich gemeint und noch keine umfassende Epochenbezeichnung. Was man kritisierte, war die Abwendung von antiken Formen – selbst die heute so bewunderte Gotik war ursprünglich eine abwertende Bezeichnung. Diese Kritik breitete sich dann auf die ganze Epoche aus. Die Aufklärung verschärfte schließlich die Kritik an der Finsternis des Mittelalters, die nun nicht mehr durch die Reformation, sondern durch die Aufklärung selbst erhellt werden sollte.

Je besser man das Mittelalter kulturell, wirtschaftlich und sozial verstehen lernte, desto deutlicher wurde aber das Bild einer durchaus dynamischen Gesellschaft: Die Städte waren Zentren der Bildung und des Fortschritts, der auch die Strukturen von Kirche und Frömmigkeit betraf. Die Bürger verlangten nach einer zeitgemäßen Religiosität und gebildeteren Priestern, wozu die Universitäten in ihren Mauern entscheidend beitrugen. Dies bildete jedenfalls teilweise den Boden für die anschließende Reformation. Diese allerdings veränderte Kirche, Religion, Kultur und Gesellschaft schneller, als es eine Reform von innen je gekonnt hätte, und sie provozierte auf katholischer Seite ebenfalls einen Prozess, der auf eine Erneuerung der Kirche, freilich in engen Grenzen, zielte.

Fromm und doch nicht christlich?
Deutschland am Vorabend der Reformation

Die Christianisierung der Bevölkerung wurde nach dem Abschluss der unmittelbaren Missionsphase durch die Orden und vor allem durch die Pfarrgeistlichkeit vorangetrieben. Personal dafür war genug vorhanden, und so war der Bevölkerungsanteil der Mönche und des Klerus hoch. Das Netz von Pfarrkirchen wurde ausgebaut, und diese Ausbauphase erlebte im 12. und 13. Jahrhundert ihren Höhepunkt, denn nicht nur die Städte expandierten an Zahl und Größe, sondern auch Dörfer wurden neu gegründet. In der Stadt war der Kirchenbau vorwiegend Sache der Bürger, auf dem Lande meist Sache der Adligen, die hier zugleich als Patrone fungierten und den Priester mit Einkünften ausstatteten. Der äußere Grund für den Ausbau des Netzes von Kirchen (und Kapellen) war das starke Bevölkerungswachstum. Alle Zahlen sind zwar Schätzungen, doch es kann angenommen werden, dass sich die Bevölkerung Deutschlands von rund vier Millionen Menschen im Jahr 1000 bis zum Jahr 1200 verdoppelte und bis zur Mitte des 14. Jahrhunderts auf rund 14 Millionen anwuchs – danach erfolgte ein Abbruch durch Pest und Hungersnöte. Gleichzeitig stieg der Anteil der Stadtbevölkerung stark an, so dass ungefähr ein Zehntel der Menschen im 14. Jahrhundert in den Städten lebte.

Der größte Teil der Deutschen lebte auf dem Lande, dies sollte sich erst in der Neuzeit ändern. Das soziale, wirtschaftliche und rechtliche Leben fand in den Grenzen und Strukturen der Pfarrgemeinde statt, eine politische Gemeinde im modernen Sinne gab es nicht. Der Pfarrer hatte eine zentrale Stellung, indem er das Leben von der Wiege bis zur Bahre begleitete: Er taufte, hielt den Gottesdienst ab und spendete die letzte Ölung. Schon vor der Reformation teilte er das Leben seiner Gemeinde, denn wie sie bebaute er sein Land, wobei er zusätzlich Abgaben seiner Gemeindemitglieder erhielt, und inoffiziell konnte er sogar Frau und Kinder haben. Von seiner Verkündigung hing im Wesentlichen ab, was die Menschen über das Christentum wussten, wenngleich es mit der Predigtkultur oft nicht weit her war. Hinzu kam die Ausstattung der Kirchen mit Bildern, die zentrale Inhalte des christlichen Glaubens anschaulich machten.

Das religiöse und kirchliche Leben hatte einen hohen Organisationsgrad mit einer beträchtlichen Teilhabe der Kirchenmitglieder, die sich diese Mitgliedschaft freilich nicht aussuchen konnten. Weil sich aber kirchliches und kommunales Leben zu großen Teilen deckten, verlangten nicht nur die Bürger in der Stadt, sondern ebenso die Bauern nach mehr Mitsprache in der Kirche. Dies spiegelte sich in der Reformationszeit wider, denn eine Forderung der aufständischen Bauern war die freie Pfarrer-

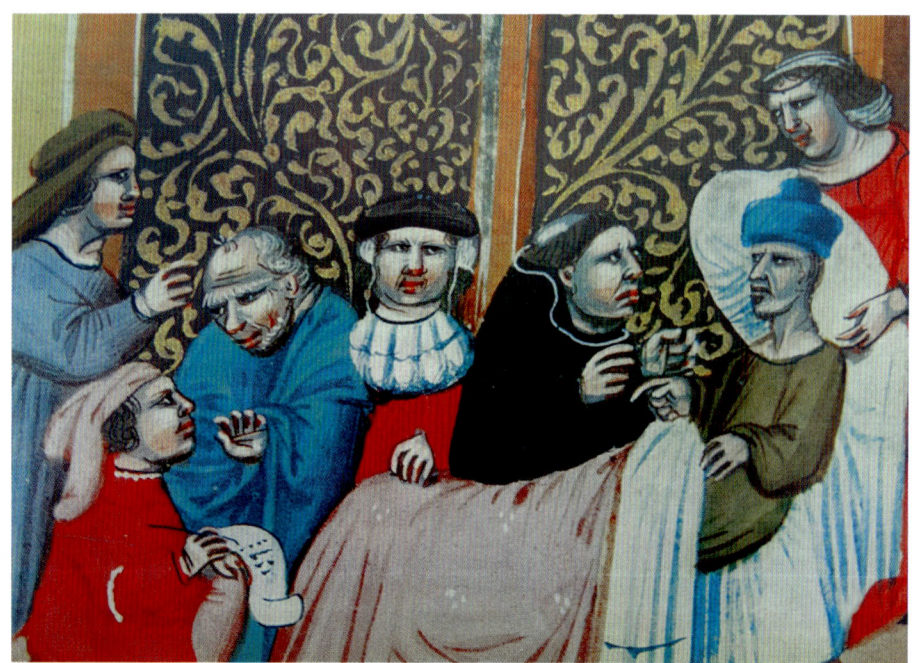

Dieser Ausschnitt einer Vignette (14. Jh.) zeigt einen sterbenden Mann, der in Anwesenheit seiner Familie und eines Priesters seinen letzten Willen diktiert.

Die *Reformatio Sigismundi*

Die *Reformatio Sigismundi*, die den Namen des deutschen Kaisers Sigismund im Titel führt, aber nichts mit ihm direkt zu tun hat, gehört zu den zahlreichen Texten des Spätmittelalters, die eine Reform der Kirche (sowie der weltlichen Ordnung) forderten. Dass sie in deutscher Sprache verfasst wurde, belegt ihren Anspruch auf Öffentlichkeitswirksamkeit. So gehört sie vermutlich in den Zusammenhang des Konzils von Basel, das seit 1431 tagte. Typisch für diese Zeit ist der Ruf nach einer Erneuerung der Geistlichkeit, die für den Niedergang der Kirche verantwortlich gemacht wird. Als Symptome für diesen Niedergang werden vor allem die „Simonie" (der Ämterkauf) in der Kirche und der Ablass angesehen: In der Kirche ist alles käuflich geworden, und die Nächstenliebe zählt nicht mehr. Nach der Diagnose dieses Textes sind die Sakramente in ihrer Bedeutung für das christliche Leben korrumpiert worden, da sie nicht mehr zur Reue (in der Beichte) und zum Kampf gegen die Sünde (durch den Empfang der Taufe und des Abendmahls) führen. Dies ist die Stellungnahme eines äußerst kritischen Beobachters, doch sie lässt darauf schließen, dass es neben einer Intensivierung der Frömmigkeit durchaus auch eine Veräußerlichung gab, gegen die Priester, Ordensleute und Bischöfe nichts unternahmen. Als Heilmittel empfahl die *Reformatio Sigismundi* in erster Linie eine bessere Ausbildung der Priester und die Aufhebung des Zölibats – Maßnahmen also, die 100 Jahre später in der Reformation umgesetzt wurden.

Der Prediger Johann Tetzel als Ablasshändler, kolorierter Holzstich nach Josef Mathias von Trenkwald, um 1860

wahl. Allerdings ist es einfacher, das religiöse Leben in den Städten zu rekonstruieren, da man über das auf dem Land nur sehr wenig weiß. In den Städten ist die Teilhabe der „Laien", also der Gemeindemitglieder, am religiösen Leben deutlich sichtbar. Nicht ohne Grund ist die mittelalterliche Stadt als Sakralgemeinschaft bezeichnet worden, und dies auch von evangelischen Kirchenhistorikern. Das Christentum war ein integraler Bestandteil der bürgerlichen Existenz und der sozialen Organisation – jedenfalls sofern sich dies ermessen lässt, denn ob alle Menschen in der Stadt dies so sahen, kann man nicht sagen. Die Stadträte förderten die Ausdrucksformen mittelalterlicher Frömmigkeit, die den inneren Zusammenhalt der städtischen Gemeinschaft in all ihrer sozialen Differenziertheit bekundeten. Das Christentum war insofern eine Art von Zivilreligion. Dass Juden es schwer hatten, unter diesen Rahmenbedingungen Akzeptanz zu finden, versteht sich von selbst.

Was Frömmigkeit ist, lässt sich ohnehin schwer definieren. Der moderne Begriff „Spiritualität" entspricht ihr nicht, und es geht nicht um einen innerlichen Gegensatz zur kirchlichen Lehre. Man hat im Blick auf das Spätmittelalter von der „Frömmigkeitstheologie" gesprochen, die vor allem auf die konkrete Lebensgestaltung zielte und die Sache von Laien war, während die Theologie (als „Scholastik") Sache der Geistlichkeit war. Aus dem Interesse an der Lebensgestaltung, die nicht zuletzt Sterbegestaltung war, erwuchs eine Fülle von Literatur, die sich an Männer genauso wie an Frauen richtete. Hier bahnte sich also schon eine religiöse Emanzipation der „Laien" an, die dann in der Reformation zum Thema werden sollte.

Nun ist aber die Kritik der reformatorischen Bewegung an der mittelalterlichen Frömmigkeit nicht einfach von der Hand zu weisen, so als wäre es ihr nur um die Beseitigung einiger Missstände gegangen und als hätte sich mit einem höheren Maß an Frömmigkeit das kirchliche und christliche Leben sanieren lassen. Vielmehr traf die reformatorische Kritik das System der mittelalterlichen Frömmigkeit und Kirchlichkeit insgesamt, das als Verirrung angesehen wurde. Hierin war sich die reformatorische Bewegung tendenziell einig mit jenen Kirchenreformbestrebungen, die gerade im 15. Jahrhundert die Notwendigkeit sahen, Geistliche, Ordensleute und selbst den Papst in eine umfassende Reform einzubeziehen (Reformkonzilien von Konstanz und Basel).

Was das Bild der mittelalterlichen Frömmigkeit verdunkelt hat, ist mit großer Langzeitwirkung der Ablass, für den in der Erinnerung der Ablassprediger Johann Tetzel aus der Zeit Martin Luthers steht: „Wenn das Geld im Kasten klingt, die Seele in den Himmel springt." Das Seelenheil schien vielen Zeitgenossen tatsächlich käuflich, was von Luther theologisch zu Recht als Irrweg kritisiert wurde. Sein erster reformatorischer Impuls – die 95 Thesen von 1517 – war eben darum gegen das Ablasswesen gerichtet. Der Ablass aber war letztlich nur ein Versuch, die Seelen von Verstorbenen aus jenem Fegefeuer zu retten, das die Reformation abschaffte: Für die Seelen der Toten konnten die Lebenden nun nichts mehr ausrichten. Damit war das Lesen von Messen für die Verstorbenen sinnlos geworden, was die Anstellung vieler Priester überflüssig machte. Unnötig geworden waren ebenfalls die Stiftungen für das Seelenheil der Verstorbenen, aus denen nicht nur Priester, sondern auch Altäre, Bilder und anderer Schmuck bezahlt wurden.

Wie weit die Reformation darin ging, die von ihr vorgefundene Frömmigkeit und Kirchlichkeit in ihrem Sinne zu reinigen, hängt ganz von der jeweiligen Strömung ab. Zwingli ging weiter als Luther, und andere gingen noch radikaler vor und predigten das anbrechende Gottesreich, auf das man sich mit einer erneuten Taufe vorbereiten sollte. Die Reformation pluralisierte mithin nicht nur die konfessionelle Landschaft, indem es

Reformatoren wie Zwingli richteten sich unter anderem gegen die Bilderverehrung. Dieser Holzschnitt (1530) von Erhard Schön zeigt, wie Bilderstürmer eine Kirche plündern und Statuen und Bilder verbrennen.

Bonifatius in den *Magdeburger Zenturien*

Die *Magdeburger Zenturien* sind das erste Geschichtswerk der Reformationszeit. Es entstand zwischen 1559 und 1574 in Magdeburg und sollte, in Jahrhunderte (Zenturien) gegliedert, das historische Recht der Reformation erweisen. Trotz großen Fleißes bei der Quellenerhebung war es also ein konfessionalistisch ausgerichtetes Werk, und deshalb wurde Bonifatius darin nicht nur gelobt, sondern zugleich getadelt: Seine „schlechten Taten" wurden eigens aufgezählt. Unter sie fiel insbesondere die Romorientierung des Missionars, aber auch die Tatsache, dass er Ehen von Priestern aufgelöst hatte. Ebenso war er schuld daran, dass es Wallfahrten gab, dass sich die Lehre vom Fegefeuer ausbreitete und dass Reliquien verehrt wurden. Die Ausbreitung des Mönchtums und das Lesen von Totenmessen wurden auf ihn zurückgeführt, wobei er, wie die *Magdeburger Zenturien* betonen, von der Autorität des Papstes abhängig war, der folglich nach Deutschland hineinregieren konnte. Damit hatte Bonifatius in den Augen der Reformation, der es nicht zuletzt um die Unabhängigkeit der Kirche in Deutschland vom Papsttum ging, den Keim des Verderbens gelegt. In den *Magdeburger Zenturien* zeichnete sich mithin bereits die unterschiedliche konfessionelle Bewertung der Person des Bonifatius ab, die sich im 19. Jahrhundert dann endgültig durchsetzen sollte: Er war nun kein „Apostel der Deutschen" mehr, sondern nur noch einer der Katholiken – wobei seine Verdienste durchaus gewürdigt wurden.

nun Katholiken und Evangelische gab, sondern sie war zugleich in sich selbst plural. Das Gleiche galt allerdings für die Zeit der mittelalterlichen Kirche, die in Wirklichkeit keineswegs das „Abendland" im späteren romantischen Sinne war. Die mit diesem Begriff beschworene Einheit gab es nicht, und wenn, dann war sie eine, die gegen Abweichler und Ketzer erzwungen worden war. Von diesen gab es viele: große Bewegungen wie die der Katharer und kleine, die nur lokal oder regional auftraten und oft von einer ekstatischen Religiosität oder Bußgesinnung beflügelt waren. Und auch innerhalb der etablierten Kirche waren die Spannungen stark, was sich über Jahrzehnte in der Existenz zweier Päpste, die in Rom und Avignon residierten, ausdrückte.

Die abweichenden Frömmigkeitsbewegungen im 13. Jahrhundert, in der Zeit nach dem Abschluss der Mission, zeigen die Pluralität mittelalterlicher Frömmigkeit. Die Frage nach der Christlichkeit der Deutschen ist nämlich im Grunde falsch gestellt, weil sie von einer Norm ausgeht, die es eigentlich gar nicht gibt: Protestanten sind Christen und ebenso sind es Katholiken, Angehörige der Täuferbewegung in der Reformationszeit sind es genauso wie Lutheraner, aber auch Mystiker, Ekstatiker und Menschen, die sich selber mit der Peitsche geißeln, weil das Ende der Welt nahe ist. Und die verketzerten Waldenser sind es nicht weniger. Diese Pluralität für eine erst reformatorische Erscheinung zu halten, wäre demnach eine Fehleinschätzung.

Die mittelalterliche Mission hatte zwar auf Einheitlichkeit und Verbindlichkeit gesetzt, vor allem durch eine Verkirchlichung und die Ausrichtung auf Rom. Dies durchzuhalten erwies sich angesichts der Formenvielfalt und des eher geringen päpstlichen Einflusses auf Deutschland jedoch als unmöglich. Die Frage, wie christlich die Deutschen waren, lässt sich also nur mit einem Verweis auf die Mannigfaltigkeit der Frömmigkeitsstile beantworten – dies gilt natürlich gleichermaßen für andere Teile des christlichen Europas. Obwohl die Kirche in Organisation und Lehre ein recht geschlossenes System war, konnte die christliche Frömmigkeit sowohl innerhalb wie außerhalb dessen lebendig sein. Darin steht das Mittelalter der Gegenwart durchaus näher als die Frühe Neuzeit, in der die konfessionelle Einheit eines Landes Teil der Staatsräson war.

vor 300	300–400	400–500

vor 300

- **55 v. Chr.:** Caesar dringt bis an den Rhein vor.
- **12–9 v. Chr:** Vorstöße des Drusus über den Rhein in germanisches Gebiet
- **3 v. Chr:** Vorstoß des Lucius Domitius Ahenobarbus über die Elbe
- **9: Varusschlacht (Hermannsschlacht):** Ende der römischen Versuche, bis zur Elbe vorzudringen
- **16:** Vorstoß des Germanicus bis an die Weser
- **2. Jahrhundert:** Ausbildung des Bischofsamtes, Entstehung des Neuen Testaments als Sammlung von Schriften aus dem 1. Jahrhundert, Trennung der Wege von Christentum und Judentum
- **um 100:** Die *Germania* des Tacitus entsteht und prägt das Bild von den Germanen.
- **seit ca. 160:** Befestigung der Limesgrenze in Germanien
- **um 180:** erste Erwähnung christlicher Gemeinden in Germanien durch Irenaeus von Lyon
- **2./3. Jahrhundert:** Ausbreitung des Christentums im westlichen Mittelmeerraum
- **2./3. Jahrhundert:** Beginn der „Völkerwanderung"
- **seit dem 3. Jahrhundert:** Entstehung christlicher Literatur in größerem Umfang, auch in lateinischer Sprache
- **235/36:** nochmaliger Vorstoß römischer Truppen nach Norddeutschland („Schlacht am Harzhorn")
- **249:** Christenverfolgung unter Kaiser Decius
- **um 260:** Die Römer können den Limes nicht mehr halten und geben Teile Germaniens auf.

300–400

- **4. Jahrhundert:** Entstehung des Mönchtums
- **4. Jahrhundert:** wiederholte Überfälle der Franken und Alamannen auf das römische Gebiet
- **4. Jahrhundert:** Trier ist Bischofssitz. Beginn der Märtyrerverehrung in Trier, Xanten und anderen Städten
- **303:** Christenverfolgung unter Kaiser Diokletian
- **312:** Sieg Konstantins über Maxentius; Beginn der „Konstantinischen Wende"
- **319:** Konflikte um die Lehre des Arius in Alexandria
- **325:** Konzil von Nicaea (I. Ökumenisches Konzil): erste Fixierung der Trinitätslehre ohne nachhaltige Wirkung; Beginn neuer Konflikte um die Trinitätslehre
- **330:** Konstantinopel wird Hauptstadt des Ostteils des römischen Imperiums.
- **332:** Die Goten werden römische *foederati*.
- **335–37:** Exil des alexandrinischen Bischofs Athanasius in Trier
- **341:** Wulfila wird mit der Gotenmission beauftragt.
- **361–63:** Kaiser Julian versucht, den Einfluss des Christentums zurückzudrängen.
- **375:** Die Hunnen vertreiben die Goten aus ihrem Siedlungsgebiet an der Donau.
- **378:** Sieg der Goten über die römische Armee bei Adrianopel (Edirne).
- **um 380:** Die Bibel wird neu ins Lateinische übersetzt; die *Vulgata* setzt sich aber erst im Mittelalter gegen die älteren Übersetzungen durch.
- **381:** Konzil von Konstantinopel (II. Ökumenisches Konzil): endgültige Fixierung der Trinitätslehre
- **395:** Tod Kaiser Theodosius' des Großen: Teilung des römischen Imperiums
- **397:** Tod des Martin von Tours

400–500

- **410:** Plünderung Roms durch die Goten unter Alarich
- **um 415:** Johannes Cassian gründet Klöster in Südgallien.
- **seit 429:** Die Wandalen erobern Nordafrika.
- **430:** Todesjahr des Augustinus
- **431:** Konzil von Ephesus (III. Ökumenisches Konzil)
- **440–61:** Papst Leo der Große
- **um 450:** Wirken Genovefas von Paris
- **451:** Konzil von Chalkedon (IV. Ökumenisches Konzil)
- **451:** Schlacht auf den „Katalaunischen Feldern": Niederlage der Hunnen
- **455:** Plünderung Roms durch die Wandalen
- **um 470:** Childerich (Vater Chlodwigs) herrscht über ein Gebiet mit der Hauptstadt Tournai.
- **476:** Absetzung des letzten weströmischen Kaisers (Romulus Augustulus). Der Germane Odoaker herrscht über Italien.
- **484–519:** erste Spaltung zwischen West- und Ostkirche (Rom und Konstantinopel): „Akakianisches Schisma"
- **486:** Chlodwig besiegt den römischen Teilherrscher Syagrius.
- **492/94:** Eheschließung von Chrodechilde und Chlodwig
- **493:** Der Ostgote Theoderich tötet Odoaker und wird Herrscher über Italien (bis 526).
- **494–518:** Avitus ist Bischof von Vienne.
- **496/97:** Chlodwig besiegt die Alamannen.

500–600 | 600–700 | 700–800

- **6. Jahrhundert:** Expansion des Frankenreiches nach Süden
- **6. Jahrhundert:** allgemeiner Bevölkerungsrückgang, auch in den Städten
- **um 500:** Taufe Chlodwigs auf das katholische statt auf das arianische Bekenntnis
- **502–42:** Caesarius ist Bischof von Arles.
- **506:** westgotische Synode in Agde
- **507:** Chlodwig erobert große Teile Südgalliens. Die Westgoten weichen nach Spanien aus.
- **511:** fränkische Reichssynode in Orléans
- **um 520:** Missionsaktivitäten eines gewissen Gallus in Köln
- **525:** Dionysius Exiguus begründet die christliche Zeitrechnung (vor/nach Christus).
- **527–65:** Justinian herrscht über das Oströmische (Byzantinische) Reich.
- **um 529:** Benedikt von Nursia gründet das Kloster Monte Cassino.
- **531:** fränkische Eroberung des Reiches der Thüringer
- **566/69:** Magnerich wird Bischof von Trier.
- **573:** Gregor wird Bischof von Tours.
- **587:** Der Westgotenkönig Rekkared tritt vom arianischen zum katholischen Glauben über.
- **589:** westgotische Synode in Toledo: Übergang des Westgotenreiches zum Katholizismus
- **590–604:** Papst Gregor der Große
- **591:** Columban verlässt Irland und gründet Klöster im Frankenreich.

- **609/610:** Vertreibung Columbans aus Luxeuil
- **613–38:** Die fränkischen Könige Chlothar II. und Dagobert I. fördern die Missionierung des Landes.
- **614:** An einer fränkischen Synode in Paris nehmen Bischöfe aus Speyer, Worms und Straßburg teil.
- **632:** Tod Mohammeds
- **seit 636:** Große Teile des Oströmischen Reiches werden von den muslimischen Arabern erobert.
- **640:** erste Missionsversuche bei den Friesen durch Bischof Kunibert von Köln
- **652:** Todesjahr Emmerams (unsicher)
- **um 660:** Abfassung der Fredegar-Chronik
- **664:** Synode von Whitby. Die englische Kirche unterstellt sich der römischen Oberhoheit.
- **678/79:** Missionsaktivitäten Wilfrids von York in Friesland
- **687–714:** Pippin der Mittlere ist Hausmeier des Frankenreichs.
- **um 688:** Missionsaktivitäten Wiktberts in Friesland
- **689:** Todesjahr des „Frankenapostels" Kilian
- **um 690:** Beginn der Missionsaktivitäten Willibrords in Friesland
- **um 690:** Wirken der beiden „Ewalde" im Sachsenland (Westfalen)
- **695:** zweite Romreise Willibrords: offizielle Beauftragung mit der Friesenmission
- **um 695:** Gründung des Klosters Kaiserswerth durch Suidbert
- **696:** Rupert kommt nach Bayern.

- **714–41:** Karl Martell ist Hausmeier des Frankenreichs.
- **715:** Herzog Theodo von Bayern reist nach Rom.
- **um 715:** Korbinian kommt nach Freising.
- **716:** Bonifatius kommt nach Friesland.
- **716–19:** Aufstand der Friesen unter Radbod
- **724:** Pirmin gründet ein Kloster auf der Bodenseeinsel Reichenau.
- **724:** Bonifatius fällt eine dem Donar (Thor) geweihte Eiche bei Geismar.
- **731:** Abschluss der *Kirchengeschichte des Volkes der Engländer* des Beda Venerabilis
- **732:** Schlacht bei Tours und Poitiers
- **735:** Lioba wird Äbtissin des Klosters (Tauber-)Bischofsheim.
- **743:** *Concilium Germanicum* unter Beteiligung des Bonifatius
- **751:** Salbung Pippins des Jüngeren zum König der Franken
- **754:** Pippin und Papst Stephan II. treffen sich in Ponthion und Quierzy.
- **754:** Tod des Bonifatius
- **um 770:** Missionsaktivitäten Lebuins bei den Friesen und Sachsen
- **771:** Karl der Große wird Alleinherrscher des Frankenreiches.
- **772:** Karl zerstört die Irminsul. Beginn der Eroberung des Sachsenlandes
- **774:** Karl besiegt die Langobarden.
- **777:** Auf einer Synode in Paderborn wird das Sachsenland in Missionsbezirke eingeteilt.
- **782:** Karl der Große erlässt die *Capitulatio de partibus Saxoniae.*
- **782:** „Blutbad von Verden"
- **785:** Taufe des Sachsenherzogs Widukind
- **789:** Karls der Große erlässt die *Admonitio generalis.*
- **789:** Weihe des Bremer Doms durch Bischof Willehad

800–900

- **800:** Kaiserkrönung Karls des Großen in Rom
- **um 800:** Gründung von Klöstern in Werden und Helmstedt durch Liudger
- **nach 800:** Gründung von Kirchen nördlich der Elbe und Missionsversuche unter den dortigen Slawen
- **803:** Ende der Sachsenkriege
- **810:** Gründung Hamburgs
- **814:** Gründung des Musterklosters Kornelimünster
- **814–40:** Herrschaft Ludwigs des Frommen
- **815:** Gründung des Klosters Corvey (Neu Corbie)
- **816–19:** Reformsynoden in Aachen
- **826:** Taufe des dänischen Königs Harald Klak. Beginn der Missionsaktivitäten Ansgars im Norden
- **um 830:** Abfassung des *Heliand*
- **seit ca. 830:** Birka, Haithabu und Ripen werden Missionszentren für den Norden.
- **843:** Vertrag von Verdun: Teilung des Frankenreiches. Beginn der „deutschen" (ostfränkischen) und „französischen" (westfränkischen) Geschichte
- **845:** Zerstörung Hamburgs durch die Wikinger
- **seit 863:** Missionsaktivitäten der „Slawenapostel" Kyrill und Methodius in Mähren
- **865:** Tod Ansgars (des „Apostels des Nordens")

900–1000

- **910:** Gründung des Klosters Cluny
- **911:** Tod des letzten Karolingers (Ludwig das Kind)
- **936:** Otto der Große wird zum König gewählt.
- **937:** Gründung des Mauritiusklosters in Magdeburg
- **um 948:** Gründung der Bistümer Ripen, Aarhus und Schleswig
- **948:** Gründung der Bistümer Brandenburg und Havelberg
- **955:** Schlacht auf dem Lechfeld
- **um 960:** Der dänische König Harald Blauzahn begünstigt das Christentum und lässt sich taufen.
- **966:** Gründung des Bistums Posen
- **967:** Gründung der Bistümer Merseburg, Meißen und Zeitz sowie des Erzbistums Magdeburg
- **973:** Gründung des Bistums Prag
- **983:** Plünderung Hamburgs durch den Slawenfürsten Mistui
- **983:** Eroberung von Brandenburg, Zeitz und Havelberg durch Slawen
- **997:** Märtyrertod des Prager Bischofs Adalbert im Land der Pruzzen

1000–1100

- **1000:** Kaiser Otto III. unternimmt eine Wallfahrt nach Gnesen. Bündnis mit dem polnischen König Boleslaw Chrobry
- **1000:** Gründung des Erzbistums Gran
- **1003:** Bündnis König Heinrichs II. mit den Liutizen
- **1008:** Protest Bruns von Querfurt gegen das Bündnis
- **um 1050:** christenfreundliche Politik des Abodritenfürsten Gottschalk
- **um 1050:** Missionsaktivitäten des Hamburg-Bremer Erzbischofs Adalbert bis in den Norden Skandinaviens
- **1077:** „Canossagang" Kaiser Heinrichs IV.
- **1095:** Papst Urban II. ruft zum Kreuzzug auf.
- **1098:** Gründung des Klosters Citeaux (Zisterzienser)
- **1099:** Eroberung Jerusalems im ersten Kreuzzug; in der Folge Gründung geistlicher Ritterorden

1100–1200

- **6. Jahrhundert:** Expansion des Frankenreiches nach Süden
- **12./13. Jahrhundert:** Blüte des Städtewesens, Ausbau des Netzes von Pfarrkirchen
- **1104:** Gründung des Erzbistums Lund
- **1123:** Zisterzienser gründen das Kloster Kamp (Altenkamp).
- **1124/25 und 1128:** Missionsreisen Bischof Ottos I. von Bamberg nach Pommern
- **1126:** Norbert von Xanten wird Erzbischof von Magdeburg.
- **1137:** Gründung des Zisterzienserklosters Pforta
- **1138:** Der Prämonstratenser Wigger wird zum Bischof von Brandenburg ernannt.
- **seit ca. 1140:** Katharer predigen in Deutschland.
- **1142–80:** Heinrich der Löwe ist Herzog von Sachsen.
- **1144:** Prämonstratenser gründen das Kloster Jerichow.
- **um 1150:** Missionsaktivitäten Vicelins unter den Slawen nördlich der Elbe
- **1147:** Wendenkreuzzug
- **1147:** Hildegard von Bingen erhält die päpstliche Genehmigung zur Veröffentlichung ihrer Offenbarungen.
- **1153:** Gründung des Erzbistums Trondheim
- **1164:** Gründung des Erzbistums Uppsala
- **um 1170:** Entstehung der Slawenchronik Helmolds von Bosau
- **1180:** Gründung des Zisterzienserklosters Lehnin

1200–1300

- **1215:** Gottfried (Christian) wird Missionsbischof für die Pruzzen.
- **1215:** IV. Laterankonzil: Festlegung der Siebenzahl der Sakramente
- **1221:** Die Franziskaner kommen nach Deutschland und breiten sich schnell aus.
- **1224:** Die Dominikaner kommen nach Magdeburg und in andere Städte Deutschlands.
- **1226:** „Goldene Bulle von Rimini": Der Deutsche Orden erhält das Pruzzenland zugesprochen.
- **1231:** Gründung Thorns durch den Deutschen Orden
- **1249:** Friede von Christburg mit den Pruzzen
- **1272:** Tod des Berthold von Regensburg

nach 1300

- **um 1430:** *Reformatio Sigismundi*
- **1517:** Martin Luthers Thesenanschlag in Wittenberg; Beginn der Reformation
- **1559–74:** Entstehung der *Magdeburger Zenturien*

LITERATUR

Quellen

Viele Quellen, die im Text erwähnt werden, sind mit ihrem lateinischen Text in den digitalen Monumenta Germaniae Historica (www.dmgh.de) zugänglich.

Unter den Textausgaben mit deutscher Übersetzung sind die folgenden aus der Reihe *Ausgewählte Quellen zur deutschen Geschichte des Mittelalters. Freiherr vom Stein-Gedächtnisausgabe* empfehlenswert:

- Briefe des Bonifatius/Willibalds Leben des Bonifatius, Darmstadt 1968.

- Gregor von Tours: Zehn Bücher Geschichten, 2 Bände, Darmstadt 1964.

- Helmold von Bosau: Slawenchronik, Berlin (später Darmstadt) 1963.

- Peter von Duisburg: Chronik des Preußenlandes (Chronicon terrae Prussiae), Darmstadt 1984.

- Quellen des 9. und 11. Jahrhunderts zur Geschichte der hamburgischen Kirche und des Reiches (darin Adam von Bremen), Berlin (später Darmstadt) 1961.

- Quellen zur Geschichte des 7. und 8. Jahrhunderts, Darmstadt 1982.

- Quellen zur Karolingischen Reichsgeschichte, 1. Teil, Darmstadt 1955.

- Thietmar von Merseburg: Chronik, Darmstadt 1974.

Weitere lateinisch-deutsche Textausgaben:

- Regula Benedicti (in vielen gedruckten Ausgaben sowie im Internet verfügbar).

- Quellen zur Christianisierung der Sachsen, herausgegeben von Knut Schäferdiek, Leipzig 2010.

Weiterführende Literatur

- Angenendt, Arnold: Das Frühmittelalter, Stuttgart 1990.

- Angenendt, Arnold: Geschichte der Religiosität im Mittelalter, Darmstadt 1997.

- Becher, Matthias: Chlodwig I. Der Aufstieg der Merowinger und das Ende der antiken Welt, München 2011.

- Boockmann, Hartmut: Der Deutsche Orden. Zwölf Kapitel aus seiner Geschichte, München 1981.

- Boshof, Egon: Ludwig der Fromme, Darmstadt 1996.

- Dassmann, Ernst: Die Anfänge der Kirche in Deutschland. Von der Spätantike bis zur frühfränkischen Zeit, Stuttgart/Berlin/Köln 1993.

• Ewig, Eugen: Die Merowinger und das Frankenreich, Stuttgart 1998.

• Frank, Karl Suso: Frühes Mönchtum im Abendland, 2 Bände, Zürich/München 1975.

• Fried, Johannes: Das Mittelalter. Geschichte und Kultur, München 2008.

• Fried, Johannes: Karl der Große. Gewalt und Glaube, München 2013.

• Haendler, Gert: Von der Reichskirche Ottos I. zur Papstherrschaft Gregors VII., Leipzig 1994.

• Haendler, Gert/Stökl, Günther: Frühmittelalter, Germanenmission, Slawenmission, Göttingen 1961.

• Hauck, Albert: Kirchengeschichte Deutschlands, 5 Bände, Leipzig 1887–1920.

• Hamm, Berndt: Bürgertum und Glaube. Konturen der städtischen Reformation, Göttingen 1996.

• Herbergen der Christenheit, Band 17 (1989/90), Berlin 1990 (Aufsätze zur Slawenmission).

• Lutter, Christina/Reimitz, Helmut: Römer und Barbaren. Ein Lesebuch zur deutschen Geschichte von der Spätantike bis 800, München 1997.

• Oberste, Jörg: Die Zisterzienser, Stuttgart 2014.

• Padberg, Lutz E. von: Bonifatius. Missionar und Reformer, München 2003.

• Padberg, Lutz E. von: Die Christianisierung Europas im Mittelalter, Stuttgart 1998.

• Padberg, Luth E. von: Mission und Christianisierung. Formen und Folgen bei Angelsachsen und Franken im 7. und 8. Jahrhundert, Stuttgart 1995.

• Postel, Verena: Die Ursprünge Europas. Migration und Integration im frühen Mittelalter, Stuttgart 2004.

• Prinz, Friedrich: Frühes Mönchtum im Frankenreich. Kultur und Gesellschaft in Gallien, den Rheinlanden und Bayern am Beispiel der monastischen Entwicklung (4. bis 8. Jahrhundert), München 1965.

• Prinz, Friedrich: Von Konstantin zu Karl dem Großen. Entfaltung und Wandel Europas, Düsseldorf/Zürich 2000.

• Ristow, Sebastian: Frühes Christentum im Rheinland. Die Zeugnisse der archäologischen und historischen Quellen an Rhein, Maas und Mosel, Münster 2007.

• Scheibelreiter, Georg: Die barbarische Gesellschaft. Mentalitätsgeschichte der europäischen Achsenzeit. 5.–8. Jahrhundert, Darmstadt 1999.

• Wolfram, Herwig: Die Goten. Von den Anfängen bis zur Mitte des sechsten Jahrhunderts, München 2009.

Zum Autor

Prof. Dr. Klaus Fitschen lehrt Neuere und Neueste Kirchengeschichte an der Universität Leipzig. Er ist Autor zahlreicher Sach- und Fachbücher zur Kirchengeschichte.

Bildnachweis

akg-images: Titelbild, 2, 10/11, 12/13, 20, 21, 24, 27, 32, 33, 36, 37, 41, 46, 60/61, 62/63, 67, 70, 78/79, 80/81, 86, 89, 91, 92, 98, 102, 104, 105, 117, 118/119, 120/121, 122/123, 133, 136/137, 140, 144/145, 146, 148, 149, 151, 152; akg/North Wind Picture Archives: 6; akg-images/Werner Forman: 14; akg/Bildarchiv Steffens: 15, 101; akg-images/Rabatti – Domingie: 17, 126; akg-images/Tristan Lafranchis: 22/23; akg-images/Schütze/Rodemann: 29; akg-images/Gilles Mermet: 30/31, 39, 42, 59; wikimedia commons: 47, 48, 107, 129; akg-images/Album/sfgp: 51; akg-images/Erich Lessing: 53, 57, 114; akg-images/CDA/Guillemot: 55; akg-images/Bildarchiv Monheim: 64, 94/95; akg-images/Bildarchiv Monheim/Peter Eberts: 68; akg-images/Imagno/k. A.: 72; wikimedia commons/Heribert Pohl: 73; IAM/akg-images: 75, 150; akg-images/Album/Prisma: 82/83; akg-images/British Library: 96, 99, 141; akg-images/Michael Zapf: 110/111; akg-images/Hilbich: 112; akg-images/Quint & Lox: 124; Yvan Travert/akg-images: 128; akg-images/bilwissedition: 134; akg-images/Cameraphoto: 139; akg-images/Michael Teller: 143

Karten: Peter Palm, Berlin

Titelbild: Bonifatius fällt die Donar-Eiche bei Geismar im Jahr 724; Farblithografie nach einem Fresko von Heinrich Maria von Hess, um 1900.

Impressum

Der Palm Verlag ist ein Imprint des Elsengold Verlages, Berlin.

© Elsengold Verlag GmbH, Berlin 2016

Gestaltung und Satz: Felgner & Zierke, Berlin
Printed in Slovenia
ISBN 978-3-944594-53-8

Besuchen Sie uns im Internet: www.palmverlag.de